THE BOOK OF MEN'S SHOES MAKING

紳士靴を仕立てる

オックスフォードとダービーの作り方

STUDIO TAC CREATIVE

CONTENTS
目 次

- P.8　オックスフォード
- P.10　ダービー
- P.12　紳士靴を構成する主な材料

P.16　オックスフォードを仕立てる
- P.19　デザイン・型紙製作
- P.59　製甲
- P.85　吊り込み
- P.105　すくい縫い
- P.119　底付け
- P.133　かかと付け
- P.145　仕上げ

P.164　ダービーを仕立てる
- P.167　型紙製作
- P.179　製甲
- P.197　吊り込み
- P.213　すくい縫い
- P.219　底付け
- P.231　かかと付け
- P.237　仕上げ

P.252　INFORMATION
MISAWA & WORKSHOP

平面の革から立体の靴を作り出す
その過程のひとつひとつを知る

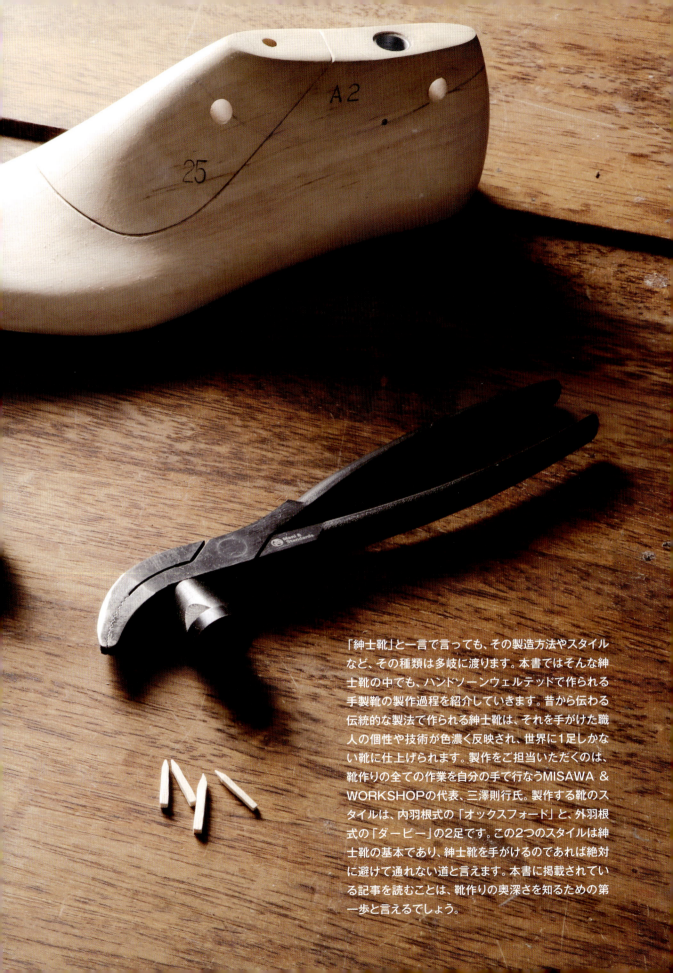

「紳士靴」と一言で言っても、その製造方法やスタイルなど、その種類は多岐に渡ります。本書ではそんな紳士靴の中でも、ハンドソーンウェルテッドで作られる手製靴の製作過程を紹介していきます。昔から伝わる伝統的な製法で作られる紳士靴は、それを手がけた職人の個性や技術が色濃く反映され、世界に1足しかない靴に仕上げられます。製作をご担当いただくのは、靴作りの全ての作業を自分の手で行なうMISAWA & WORKSHOPの代表、三澤則行氏。製作する靴のスタイルは、内羽根式の「オックスフォード」と、外羽根式の「ダービー」の2足です。この2つのスタイルは紳士靴の基本であり、紳士靴を手がけるのであれば絶対に避けて通れない道と言えます。本書に掲載されている記事を読むことは、靴作りの奥深さを知るための第一歩と言えるでしょう。

靴一足を
全てひとりで作り出す

　靴を作り出すという仕事。それは多くの場合部分ごとの分担作業であり、それぞれの作業には専門の職人がいます。もちろんそれはそれで正しい靴の作り方であり、ビスポークであっても各作業はそれぞれの職人に振り分けて製作するという工房も少なくありません。本書の監修者である三澤則行氏のように、全ての工程をひとりでこなしているという職人はそれほど多くはいないのが現実です。ひとりの靴好きとして始まった三澤氏の靴への愛情は、一から百まで自分で作業をすることで、自分にしか作れない靴を作るこという形で実を結んだと言えます。本書に目を通していただけれMISAWA & WORKSHOPの手がける手製靴に、どれだけの手間がかかっているのかはすぐにお分かりいただけるでしょう。そして、一足30万円前後というその価格が、安く思えてくるはずです。

技術のさらなる高みを目指す
そのモチベーション

　靴作りに必要な技術、その一工程の基本ですら一朝一夕でマスターできるものではありません。型紙、製甲、吊り込み、すくい縫い、底付け、かかと付けといった段階全てにその作業だけの専門の職人がいることを考えれば、そのハードルの高さがお分かりいただけるはずです。価格を考えれば、注文手製靴は顧客から求められるクオリティも当然高くなります。靴作り全ての工程をひとりでこなす以上、それぞれのプロたちよりも高いレベルが求められることにもなります。レベルの高い仕事を維持し続けるだけではなく、より高いレベルへと仕事の質を上げていくモチベーションを持ち続けなければならないと三澤氏は考えています。本書では、三澤氏の手によって注文手製靴が作られる過程を細かく紹介し、本物の靴職人の仕事をお見せしていきます。

Oxford

■ オックスフォード

紳士靴の基本となる1足

最初に製作する内羽根式のオックスフォードは、バルモラルと呼ばれることもある紳士靴の最も基本形です。オックスフォードという名前の起源は、17世紀にイギリスのオックスフォード地方の大学生が、当時のブーツに反発して短い靴を履き始めたことに由来しています。バルモラルという呼び名はスコットランドのバルモラル城に由来し、イギリスのアルバート王子がこの城でこのタイプの靴をお披露目したことに由来します。紳士靴の中では最もフォーマルな形となり、冠婚葬祭などでも使われることが多いのでベーシックな黒革で仕立てます。

Derby

■ ダービー

『 カジュアルさが
その魅力 』

　ダービーはブラッチャーとも呼ばれ、履き口が外に開く外羽根が特徴になります。オックスフォードと共に紳士靴の基本形ですが、よりカジュアルな靴とされています。ダービーという名前の由来は、イギリスで行なわれるダービー大競馬の創始者であるダービー伯爵に由来します。欧米の社交場である競馬を観戦する際に、ダービー伯爵がこのスタイルの靴を提案したのがこの名の始まりです。別名のブラッチャーは、プロシアの将軍であったブラッヘルがこの靴の形を考案したことに由来します。今回はカジュアルさを強調する、茶色の革で仕立てます。

紳士靴を構成する主な材料

　本書で製作する紳士靴の材料として使う、主な素材を紹介します。メインの素材は牛革ですが、鞣し方や厚みなどが、使用する部品によって異なります。

　本体には薄く張りのあるクロム鞣しの革を使用し、ライニングにはコンビ鞣しの牛革と豚革を使用します。先芯と月型芯、そして中底と本底には3mm以上の厚みのあるタンニン鞣しの革を使用し、特に本底には固く耐摩耗性も高い革を使用します。

　中底と本底の間には構造上隙間ができる部分が生まれます。その隙間を埋めるために中物と呼ばれます。中物はコルクを主に使用しますが、歩いた際に中物と中底、本底がずれて発生する音鳴りを抑えたいという場合は、フェルトを使用します。土踏まずの部分に取り付けられるシャンクは、靴の背骨のような役割を果たしている部品で、中底の底面に取り付けます。その他、かかとを作るための部品や、釘などを靴作りのための材料として使用します。

■ 本体

1〜1.5mm厚のクロム鞣しの牛革を使用します。傷やシワの無い部分だけを使用して、部品を裁断します。

オックスフォードの本体に使用するのは、1.4mm厚の黒いカーフです

ダービーの本体に使用するのは、1.4mm厚の茶色のカーフです

■ ライニング・かかと敷き

ライニングとかかと敷きには0.8〜1mm厚のコンビ鞣し牛革、サイドライニングには0.8mm程の厚みの豚革を使います。

■ 芯

先芯と月型芯には、3mm厚のタンニン鞣し牛革を使用します。

1mm程度の厚みで、しなやかな革がライニングには適しています

サイドライニング用の豚革は、0.8mm厚と薄めの物を使用します

真ん中から徐々に濃いていき、端の方は厚みの無いゼロ漉きにします

■ 中底

足の裏と接する中底に使用する革です。使用する際は、ギン面側が上を向くようにします。

4〜6mm程度の厚みがある、タンニン鞣しの革をし使用します。木型の底の形を付けて使用します

■ 本底

直接地面と接する本底には、渋が強く、固く鞣された革を使用します。使用する際は、ギン面側が下をむきます。

本書でダービーに使用する最高級の材料です。樫の木のタンニンを使って鞣したオークバークです

■ 中物

中底と本底の間にできる空間を埋めるための材料です。コルクを使うのが、従来からの方式です。

コルクはラックボンドと練り合わせて使用します

音鳴が気になる場合は、フェルトを併用します

■ シャンク

元々「土踏まず」を意味する言葉で、靴の土踏まずの部分に入れる、足のアーチを支える部品です。

木製や革製などのシャンクもありますが、現在では鉄製のものがもっとも一般的です

■ かかと

かかとは革を積み上げて作ります。かかとに使う革は、かかと用として販売されています。

左上から時計回りに、高さを作る積み上げヒール、丸みを修正するハチマキ、底に付くトップリフト

■ 釘

かかとを固定するための釘です。木製、鉄製、真鍮製を用途に合わせて使い分けます。

かかとを留めるのに主に使用するのが、木の釘です

鉄のクギで、積み上げをまとめて留めます

真鍮製の釘は、化粧釘として使用します

13

靴を仕立てる

靴職人がひとりでハンドソーンウェルテッドの紳士靴を仕立てるのには、1足あたり10日前後の時間がかかります。ここからは、注文手製靴を専門に製作するMISAWA & WORKSHOPの代表三澤則行氏が、オックスフォードとダービーを仕立てていく工程を紹介していきます。型紙を起こす所から始まり、いかにして革が靴へと変わっていくのか、そしてその作業の中にはどんな技術が使われているのかを全てお見せしていきます。この工程を見ていけば、手製靴というものがどうやってできているのかということを知ることができます。本物の紳士靴ができるまでの工程、その全てがここには集約されています。

Oxford

オックスフォードを仕立てる

オックスフォードのアッパーは穴飾り入りのストレートチップタイプで、黒い革を使って仕立てます。底は土踏まず部分を黒く仕上げた半カラス仕上げにし、エッジは額縁仕上げにします。オーソドックスなスタイルの中にも、各部の仕上げに主張を持たせています。

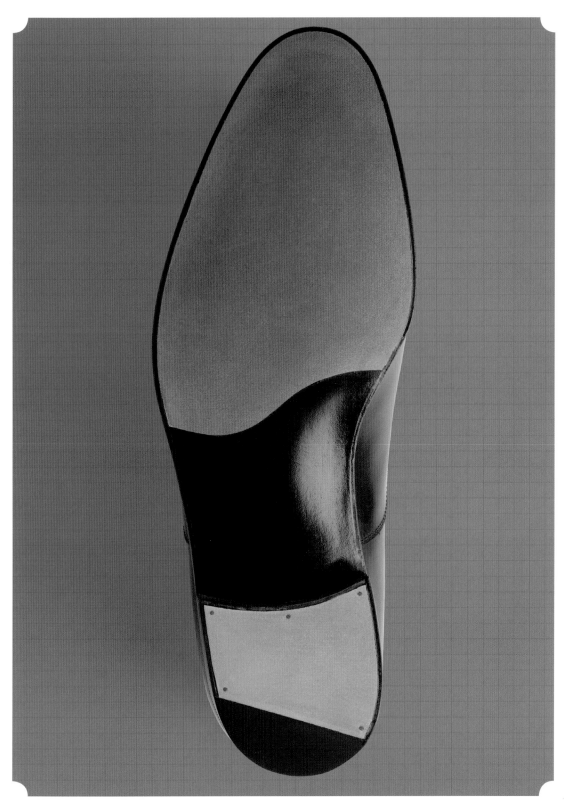

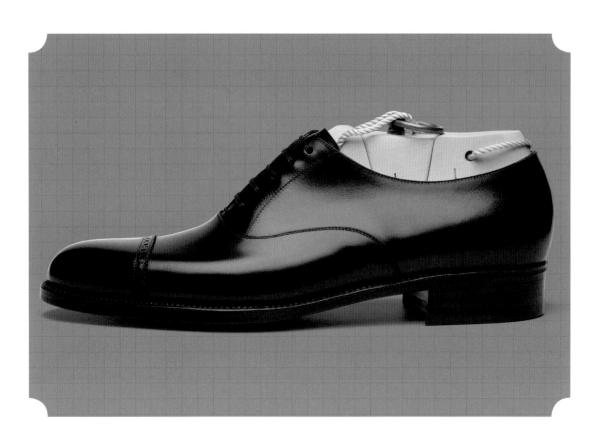

Oxford

フォーマルな内羽根式のデザインは、
全ての紳士靴の基本となります。

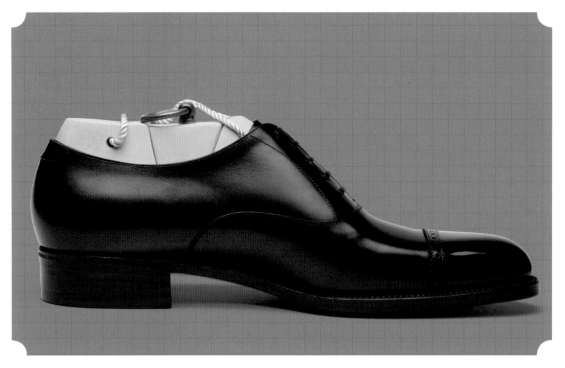

オックスフォードを仕立てる

デザイン・型紙製作

　靴のデザインを描き、それを木型に反映させる所から靴の製作が始まります。木型の型を平面に落とし込み、靴製作の基本となる型紙を製作していきます。この型紙を、木型に対していかに正確に作るかということが、靴製作の根幹と言っても過言ではないでしょう。それ程重要な作業です。

オックスフォードを仕立てる

デザインを起こす

木型にはそれぞれ特徴があり、靴を製作する上でその特徴を理解する必要があります。まずは木型の形をできるだけ正確にデッサンし、それをベースにデザインを起こしていきます。木型を知るということは、きちんと履くことができる靴のデザインを起こすための第一歩と言ってよいでしょう。オックスフォードの基本的なデザインは決まっていますが、そのラインの位置ひとつで雰囲気が大きく変わることもあります。木型を見ながら自分でこれから作る靴のデザインを起こすことで、これから作る靴のことをより深く理解することができるはずです。

近年木型は通信販売などでも手に入ります。今回使用している木型はMISAWA & WORKSHOPのオリジナルで、販売も行なっています（p.254参照）。足に合った物を用意し、必要があれば削ったり盛ったりして形を修正します

01

木型はかかとの高さが考慮された形状になっているので、かかと分の高さを上げておきます

02

まずは木型の形をできるだけ正確にデッサンします

03

縦横比なども狂わないようにデッサンすることが重要です

04

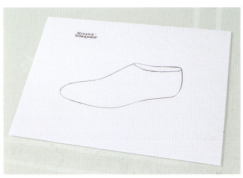

木型のデッサンができたら、この木型の上にオックスフォードのデザインを落としこんでいきます

05

オックスフォードを仕立てる

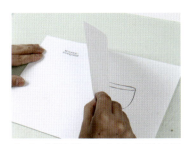

06 木型のデッサンの上に、下が少し透ける程度の厚みの紙を重ねます

07 紙の端を合わせてクリップで止めて、紙がずれないようにします

08 木型デッサンに沿って、オックスフォードのデザインを描きます

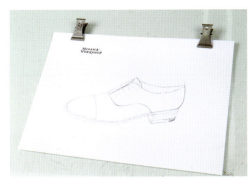

09 最初は少し薄めに描き、修正をしていきます

10 ラインが決まったら、全体の線を濃く描いていきます

11 出来上がったオックスフォードのデザイン。なるべく細かい部分まで描くことで、実際にこのデザインが立体になったときのことを思い浮かべやすくなります

●木型……ラストとも呼ばれる、靴の原型となる型。靴のデザインや履き心地などは、この木型で決まります。木製の他に樹脂製の物も使われ、本来は顧客一人ずつの足に合わせて製作します

用語解説

型紙を起こす

　靴の型紙製作は、木型を平面に落とし込むという作業です。どれだけ木型を正確に写しとるかということで、実際に出来上がる靴のフィット感が大きく左右されるため、この型紙作りこそが靴作りの命と言っても過言ではありません。型紙の作り方は職人それぞれに考え方や、手法があり、「これが正解」というものはありません。さらに三澤氏の型紙製作方法はあまりにも細かく、難解です。ここでは分かりやすいように簡略化して紹介していますが、数値などは実際に三澤氏が使用しているものです。これを基本に、自分なりの手法に発展させていく基礎と考えてください。

型紙製作時に必要となる木型各部の名称と数値

型紙を起こす際に参考となる各部の数値です。この数値は三澤氏がこれまでに採寸したデータの平均値を導き出したものであり、絶対的な数値ではありません。

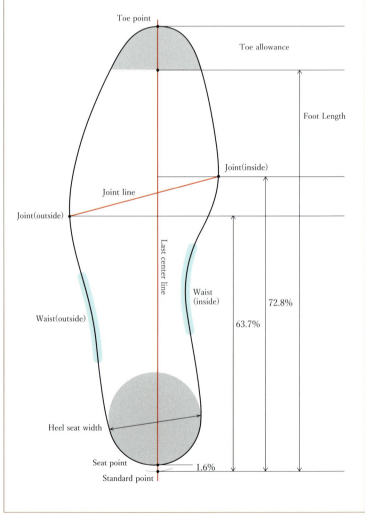

- Toe point ＝ 木型先端部
- Foot length ＝ 実足長
- Toe allowance ＝ 捨て寸
- Joint (outside) ＝ 外側中足点
- Joint (inside) ＝ 内側中足点
- Joint line ＝ 足幅、踏みつけ幅
- Waist (outside) ＝ 外踏まず部
- Waist (inside) ＝ 内踏まず部
- Heel seat width ＝ 踵底面最大幅
- Seat point ＝ 木型底面最後端部
- Standard point ＝ 踵点、木型最後端部
- Last center line ＝ 木型（底面）中心線

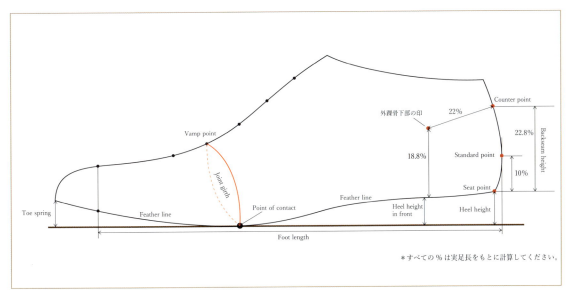

Toe spring = つま先上がり
Vamp point = ラストセンターとジョイントガースの交点
Joint girth = 踏みつけ周り寸法（=Width, Ball girth）
Point of contact = 地面との接地点
Feather line = 木型側面のエッジ
Foot length = 実足長

Backseam height = 履き口最後部の高さ
Counter point = 履き口最後部の高さの印
Standard point = 踵点、木型最後端部
Seat point = 木型底面最後部
Heel height = ヒールの高さ
Heel height (in front) = ヒールの高さ（前方）

◆ 中底型の製作

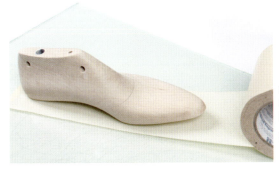

01 木型の底面が収まる幅のデザインテープを用意します

02 デザインテープはセンター部分から貼り、できるだけシワができないように注意します

03 デザインテープの底面からはみ出している部分に、1cm程の幅で切れ目を入れます

04 切れ目を入れたことで、テープを底面にぴったり貼ることができます

05 内踏まずの部分も切れ目を入れて、ぴったり貼ります

型紙を起こす

06 かかと部分もエッジまでしっかりテープを貼ります

07 底面の内踏まず部分以外のエッジを、スタビロ鉛筆でなぞります

08 エッジをなぞったことで、木型の底面の形がこのようにテープ上に描かれます

09 木型からデザインテープを剥がします。破かないように注意しましょう

10 剥がしたデザインテープを、ケント紙の上に貼ります。シワにならないように注意しましょう

11 テープを貼ると、ケント紙の上に木型の底面の形が再現されます

12 テープに描いた線に合わせて、ケント紙をカットします

13 線の描かれていない内踏まずの部分は、大きく外側にカットしておきます

14 内踏まずの部分を残してカットすると、このような状態になります

15 先端部分を縦に二つ折りにして、つま先側のセンター位置を出します

16 後端部分も縦に二つ折りにして、かかと側のセンター位置を出します

17 センターの位置に鉛筆で印を付けておきます

オックスフォードを仕立てる

用語解説
●内踏まず：土踏まずの内側の、窪んでいる部分。反対の外側は、外踏まずと呼びます

18 つま先とかかとのセンターを線で結び、木型のセンターライン（Last center line）を引きます

19 雲形定規を使って、内踏まずに繋がる前側のラインを延長します

20 前側から繋がるラインは、このような形に延長します

21 後ろ側から繋がるラインは、カーブの緩い部分を使って延長します

22 後ろ側からのラインを延長した状態です

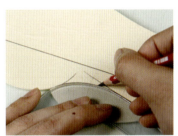

23 前後の延長したラインが自然な感じで繋がるように、雲形定規でラインを引きます

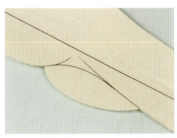

24 内踏まずのラインはこのような状態になります

25 内踏まずのラインに沿って、ケント紙をカットします

26 内踏まずの部分をカットしたら、中底の型のカットは終了です

27 内外のジョイントポイント（Joint point）を決めて、その間を線で結びます（p.22図参照）

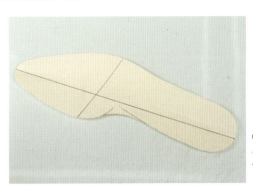

28 中底型はこれで完成です

25

型紙を起こす

◆ 木型の型取り

01 木型の底面に、テープで中底の型紙を貼ります

02 木型のエッジ部分に型紙の位置をきちんと合わせて貼りましょう

03 型紙に合わせて内踏まずのラインを木型に描きます

04 かかとのセンター位置に、印を付けます

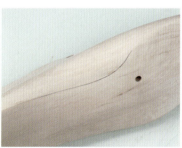

06 型紙を剥がして、かかととつま先のセンター位置と、内踏まずのラインを確認します

05 つま先側のセンター位置にも印を付けます

07 トップ側のセンターの位置を出して、印を付けます。これは前側です

08 後ろ側もセンターの位置に印を付けます

09 トップ部分の前後に印を付けた状態です

オックスフォードを仕立てる

10 ビニール板に貼ったセロテープの上に、まっすぐに線を引きます

11 線を引いたセロテープを、ビニール板から剥がします

12 つま先からトップの前側のセンターの印の間に、テープの線を合わせます

13 点と線の位置が合ったら、テープを木型に貼ります

POINT

14 点と点がまっすぐに繋がっているか、しっかり目視して確認します

15 定規を当ててみて、直線になっていることを確認しておきましょう

16 かかとのセンターとトップの後ろ側も同様に、テープを貼って線で繋ぎます

17 テープに引いた線に合わせて、カッターで木型に切れ目を入れます

18 かかと側も線に合わせて切れ目を入れます

19 切れ目を入れたら、テープを剥がします

20 このように木型のセンターに、切れ目が入ります。この切れ目はセンターラインとなり、後の作業で使用します

27

型紙を起こす

21 かかとのエッジから足長の22.8%の高さ（25cmなら57mm）に位置に印を付けます

22 21で印を付けた位置に、釘を打ち込みます

23 この釘の位置が、かかとの高さの位置になります

24 釘の高さに巻き尺を当て、足長の22%の位置と、フェザーラインから18.8%の位置の交点に印を付けます

25 印を付けた位置に、目打ちで穴をあけます

26 この印が外踝骨の下部の位置になります

27 デザイン画を見ながら、木型上にデザインを写していきます

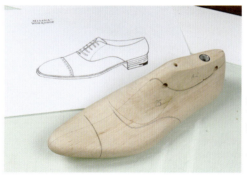

28 木型にデザインを写した状態です。デザインを写すのは、木型の外側のみで構いません

◆ 木型をシートに写す

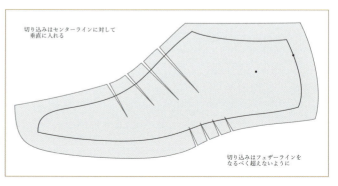

木型に基点を印し、デザインを描いたら「TRAN SHEET（トランシート）」という透明シートを貼って「スタンダードフォーム」を製作します

切り込みはセンターラインに対して垂直に入れる

切り込みはフェザーラインをなるべく超えないように

オックスフォードを仕立てる

用語解説

●外踝骨‥くるぶしの部分の外側に出ている骨です

01 半面ずつ木型の形を写します。シートの上に木型を置いて、充分な大きさにカットします

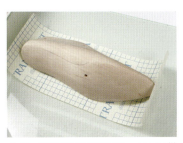
02 木型のもう半面分のシートも、同様にカットします

03 カットしたシートを台紙からに剥がし、木型の内側に貼っていきます

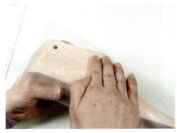
04 シートを伸ばさないように、木型の表面に密着させていきます。シワにならないように注意しましょう

05 甲へシートを貼る際は、立体なので、どうしてもシートに余る部分が出ます。ここでは無理に貼らないように

06 まず半分（先に引いておいた木型のセンターライン）を超える部分をラインより外でカットします

●スタビロ鉛筆‥ドイツのスタビロ社製鉛筆。ビニールなどの素材の上に、描くことができます

07 カッターを使って甲に当たる部分のシートに、横方向に2cm程度の幅で数本切れ目を入れます

08 切れ目を入れたら、写真のようにシートに隙間を作って木型に貼っていきます

09 センターラインにカッターの刃を沿わせて、はみ出している部分のシートをカットします

10 センターラインからはみ出ている、余分なシートを剥がします

11 スタビロ鉛筆を使って、底面のエッジラインをシートに写します

12 内踏まずの部分も横方向に切れ目を入れます

型紙を起こす

13 シワにならないように、切れ目の部分に隙間を作って内踏まず部分に貼ります

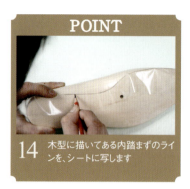

POINT

14 木型に描いてある内踏まずのラインを、シートに写します

15 かかと部分はまず上側に貼り、センターラインをきちんと貼れている部分まで写します

16 一度シートを剥がして、今度は下側に合わせてシートを貼り直します

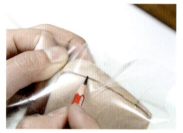

17 かかと側のセンターセインの下半分をシートに写します

18 かかと部分の底面のエッジを、シートに写します

19 シートが切れたりしないように、注意しながら木型から剥がします

20 木型から剥がしたシートを、コピー用紙に貼ります。シワにならないように注意しましょう

21 木型を写したシートを、コピー用紙に貼った状態です

22 続いて木型の外側にシートを貼っていきます

23 内側同様に、シワにならないように木型に貼っていきます。外側は起伏が大きい分、深く切れ目を入れます

オックスフォードを仕立てる

24 センターラインに沿って、ラインからはみ出しているシートをカットします

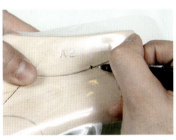
25 くるぶしの部分の印は、しっかり写します

26 トゥ部分の線など、デザインラインも移していきます

27 底面のエッジは、スタビロ鉛筆をエッジに沿わせて写し取ります

28 かかと部分は内側と同様に最初に上側を貼って、かかとの印とセンターラインを写します

29 上側を剥がして下側に沿わせてシートを貼り、残りの部分のセンターラインを写します

30 かかと部分の底面のエッジを、スタビロ鉛筆を沿わせて写します

31 シートが切れないように、丁寧に木型から剥がします

32 シワにならないように、コピー用紙にシートを貼っていきます

33 コピー用紙にシートを貼った状態です

34 シートに写したラインに沿って、カッターでコピー用紙をカットします

35 カットしたコピー用紙です。内側の方も同様にカットします

型紙を起こす

◆ 半面型の作成1

01 カットしたコピー用紙の外側の基型を、0.3mmのシャープペンシルで新しいケント紙に写します

02 くるぶしなどの重要な印し部分は、目打ちで穴をあけておきます

03 内側の型を薄めの紙（ここでは内型の型を分かりやすくするために、茶色の紙を使用）に写し、カットします

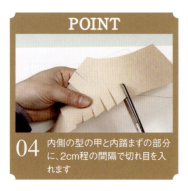

POINT
04 内側の型の甲と内踏まずの部分に、2cm程の間隔で切れ目を入れます

05 つま先部を外側の型に合わせて、テープで貼ります

06 甲の部分を合わせた状態で、前側の底面のラインをけがきます

07 かかと底面のラインを合わせて、テープで貼ります

08 続けてかかとの上側をテープで貼ります。内側の型にはこのようにシワが寄ることも多々あります

09 切れ目の部分はなるべく均等に重ねて、内側の甲のラインをけがきます

10 内側の型のバックシームラインをけがきます

11 必要な線をけがいたら、内側の型を剥がします

オックスフォードを仕立てる

◆ 半面型の作成2

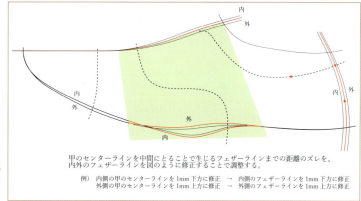

内外の型を写し終えたら、甲とかかとの線を中間に修正し、最後にフェザーラインを修正します

甲のセンターラインを中間にとることで生じるフェザーラインまでの距離のズレを、内外のフェザーラインを図のように修正することで調整する。

例) 内側の甲のセンターラインを1mm下方に修正 → 内側のフェザーラインを1mm下方に修正
外側の甲のセンターラインを1mm上方に修正 → 外側のフェザーラインを1mm上方に修正

01 甲部分のラインは、2本のラインの中間位置に新しいラインを引きます

02 元々の内外のラインを消して、新しく引いた中間線1本に整理します

03 かかとのラインは、まず内外のラインの真ん中あたりで2本の線の中間位置を取ります

04 03で印した中間位置に雲型定規を当てて、中間の線を引きます

05 中間線が引けた状態です

06 甲と同様に、元々の内外のラインを消して、新しく引いた中間線1本に整理します

07 外踝骨下部のポイントがずれていないかチェックします。ずれている場合は改めて設定してください

08 同様にカウンターポイントを確認し、踵のフェザーラインから足長の10%の所にスタンダードポイントを印します

09 つま先から甲の部分にかけて、定規を使ってきれいな直線に直します

用語解説

●バックシームライン：かかとを縫い合わせるライン。スタンダードフォームの一番後端になるライン

●フェザーライン：靴甲部の底、または中底と合する最下部のライン

型紙を起こす

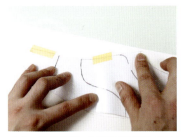

10 先程使用した外側の基型を、現在描いている型の上に甲で合わせて仮留めします

11 デザインラインをルレットでなぞり、現在描いている型の上に写します

12 底のラインに23mmの幅を加えて、吊りこみ代を取ります

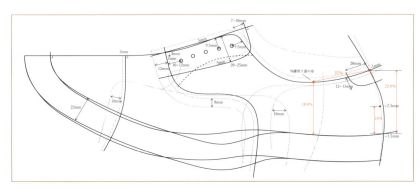

23mm幅で吊り込み代を加えます。バックシームラインに月型芯の材厚分を加え、デザイン線はセンターラインに垂直に交わります

13 吊り込み代を加えた状態です

14 かかと部分のバックシームラインを修正していきます

15 08で付けた印から、2.5mm外の位置に印を付けます

16 上側は1mm内側、下側は1.5mm外側に印を付けます

17 3点の印を、雲型定規で結んで、バックシームラインを修正します

18 これでバックシームラインに、月型芯の材厚が考慮されたことになります

オックスフォードを仕立てる

19 デザインラインとセンターラインの交わる部分は、垂直になるように修正します

20 ルレットで付けたラインを基準に、雲型定規を使ってラインを清書します

21 おおまかなラインがこれで完成しました

22 ドッグテイルの線をけがきます。バックシームラインから20mm位の位置に印を付けます

23 バックシームラインのトップ位置から、12〜13mmの位置に印を付けます

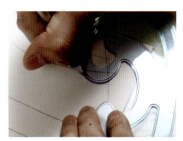
24 雲型定規を使って、ドッグテイルのラインをけがきます

25 ドッグテイルのラインをけがいた状態です

26 甲の上側の部分の線の上に、直線のラインをけがきます

27 26でけがいた直線から、9.5mm下の位置に複数印を付けます

28 9.5mm下の位置に付けた印を結んで、直線を引きます

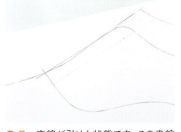
29 直線が引けた状態です。この直線は、レースホール（靴ひもを通す穴）の位置の基準線になります

30 2点の間の距離を測り、均等に穴の位置の印を付けます

用語解説

●**月型芯**：かかとの部分の表革とライニングの間に入る芯 ●**ドッグテイル**：かかとの縫い合わせ部分の上側で、補強のために犬の尻尾のような形状になっている部分

型紙を起こす

31　ラインはこのような状態で引きます

32　印に合わせて直径3mmの穴をけがきます

33　穴の位置とのバランスを見ながら、雲型定規で飾りステッチのラインを引きます

34　デザインラインから後ろに3mm、甲のラインから下に4mmの位置に印を付けます

35　34で付けた印は、カン留めの穴の位置になります

36　26で引いた線の延長線上で、トップラインから7～10mm後ろの位置に印を付けます

37　36で付けた印から垂直に、20～28mmの線を下に向かってけがきます

38　雲型定規のなだらかな曲線部分を使って、前に向かうラインをけがきます

39　これがベロのラインが引けました

◆ ライニングラインのけがき

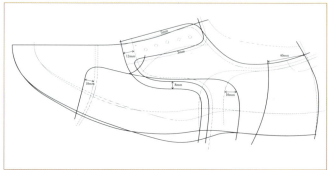

スターンダードフォームを見て、ライニングと芯のラインを確認しておきます

オックスフォードを仕立てる

01 デザインラインの外側に12mm幅の線を引きます。これはライニングの裁断線になります

02 01で引いた線を、雲型定規で整えて清書します

03 ライニングの裁断線が引けた状態です

04 02で引いた線の8mm内側に、頭裏のライニングの線をけがきます

05 04で引いた線を、雲型定規を使って清書します

06 頭裏のライニングの線は、ベロの線近くまで引きます

07 ベロ部分のライニングは、ベロの3mm内側に引きます

08 雲型定規を使って、ベロ部分のライニングと頭裏のライニングを繋ぎます

09 一番前のレースホールから、45°程度の角度で、カーブラインをけがきます

10 頭裏と腰裏の、前側のラインをけがいた状態です

11 トップラインの、バックシームラインから35～45mmの位置に印を付けます

12 緩やかなカーブの線を引きます。これは腰裏の内接ぎの線になります

用語解説

● 頭裏（あたまうら）：甲の裏側になる部分

● 腰裏（こしうら）：かかとの裏側になる部分

型紙を起こす

13 腰裏の内接ぎラインが引けた状態です

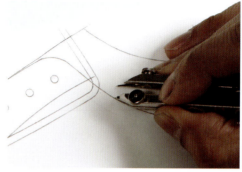

14 トップラインの外側に、5mm幅の線をけがきます

15 甲の部分も、腰裏のデザインラインまで外側に5mm幅のラインを引きます

16 雲形定規を使って、線をなぞって清書します。この線が腰裏の裁断線になります

17 先芯のライニングのラインを引きます。つま先のデザインラインの3mm程内側(つま先側)に印を付けます

18 17で付けた印を基準に、つま先のデザインラインの外側に雲型定規で線を引きます

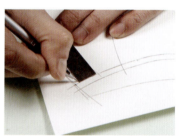

19 月型芯のアッパーラインは、トップラインの2mm下になります。2mm下の位置に印を付けます

20 2mm下の線を基準にして、外側の月形芯のラインを底辺の長さ10cm程度でけがきます

21 外側の芯の20mmつま先側の位置に印を付けます

オックスフォードを仕立てる

22 21で付けた印に内側のラインを雲型定規でけがきます

23 内、外の月型芯のラインをけがいた状態です

24 外側（右側）の月型芯のラインの10mmかかと側に、サイドライニングの後端の位置を印します

25 前側は先芯と10mm重ねる位置に印を付けて、サイドライニングのラインをけがきます

26 サイドライニングのラインがけがけた状態です

27 1番外側にけがいた線に沿って、型紙を裁断します。直線の部分は定規を当てて裁断しましょう

28 ベロからトップラインの部分は段差ができます

29 甲の部分は直線で裁断します

30 バックシームラインをカーブに沿って、正確に裁断します

31 バックシームラインは、一番上の木型のトップラインまでカットします

32 底面のラインは2本のラインが交差していますが、ここも1番外にあるラインで裁断します

33 けがいたラインを、1番外側のラインで裁断した状態です

型紙を起こす

34 レースホールの穴を、直径3mmのハトメ抜きであけます

35 カン止めの穴を、直径1mmのハトメ抜きであけます

36 型紙の中にあるラインに、カッターで切り込みを入れます

37 線の始まりと終わり、他の線と交差する部分は切らないようにします

38 ドッグテイルなどの細かい部分のラインにも、切れ目を入れます

39 甲の上側の出っ張っていた部分を、2番目の線で裁断しても構いません

40 甲の部分を裁断した状態です

41 切込みを入れた線の始点と終点を、目打ちで広げます

42 各ラインの始点と終点を目打ちで広げた状態です

43 ラインを目打ちでなぞり、幅を広げます

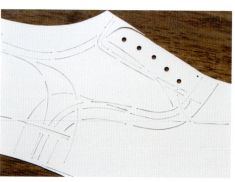
44 幅を広げたことで0.3mmシャーフペンシルが使いやすくなり、裏返してもラインが確認できるようになります

オックスフォードを仕立てる

45 これで基本形となるスタンダードフォームは完成です。これに基づいて、各型紙を製作します

◆トゥキャップの型紙製作

01 新しいケント紙に、直線を1本引きます

02 01の線に甲の部分のセンターラインを合わせ、トゥキャップのラインをシャープペンシルでなぞります

03 トゥキャップの底面の位置もスタンダードフォームのアウトラインをなぞってけがきます

04 スタンダードフォームを外すと、このような状態になっています

05 スタンダードフォームを反転させて、先にけがいたトゥの方と先端の位置を合わせます

06 同様にスタンダードフォームのトゥの必要なラインをけがくと、このような状態になります

07 トゥのアウトラインを繋げて、カッターで裁断します

08 裁断したトゥキャップの型紙の後ろ側から6mm内側に、ラインを引きます

用語解説

● **トゥキャップ**：つま先の部分に付く飾り革。元々は傷防止や補強のための部品でしたが、現在では装飾的要素になっています

型紙を起こす

09 ここで引いたラインは、ステッチの目安となります

10 ラインに沿って、直径1.0mmのハトメ抜きで写真のような状態に穴をあけます

11 穴と穴の間をカッターで切って繋げます

12 カットしたことで、ステッチのラインはこのようにスリットになります

13 先端の中心と、内側にする方に切り込みを入れます

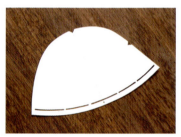

14 トゥキャップの型紙はこれで完成です

◆ バンプの型紙の製作

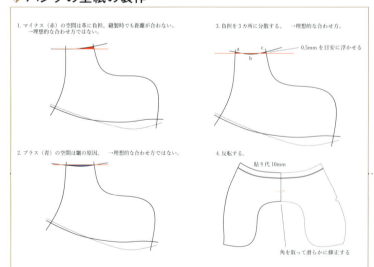

バンプの型紙製作のヒント。バンプの型紙の製作は最も難しいと言えます。微調整は経験に基づく感覚によるものなので、ある程度の経験が必要となります。上図の考え方を参考に作成してください

01 ケント紙に直線を1本引き、左図3のように合わせてスタンダードフォームを仮留めします

オックスフォードを仕立てる

用語解説
●バンプ：つま先革とも呼ばれる、アッパーの前側部分です

02 バンプの先端部分のラインをシャープペンシルでなぞってけがきます

03 底のラインは内側と外側があるので、間違えないように注意します（p.42の図参照）

04 アッパーとライニングの線を、間違えないように写します

05 バンプの片側の型を、ケント紙に写した状態

06 最初に引いた線を基準に、型紙を反転させて仮留めし、必要なラインをなぞってけがきます

07 型紙の基本となるラインを、ケント紙にけがいた状態

08 バンプライン中央は角になるので、2～2.5mmプラスした位置で修正します（左ページ図4参照）

09 08で印した位置で、雲型定規を使ってラインを滑らかに修正します

10 バンプラインは、このように修正されます

11 前側には貼り代分の10mmを足します

12 貼り代分の10mmが、前側の部分に追加された状態です

13 修正したラインに沿って、ケント紙をカッターで裁断します

43

型紙を起こす

14 貼り代のラインには直径1.0mmのハトメ抜きで、写真のような状態で穴をあけます

15 穴と穴を繋いで、貼り代のラインをスリットにします

16 これでバンプの型紙は完成です

◆ ベロの型紙の製作

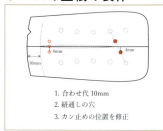

1. 合わせ代 10mm
2. 紐通しの穴
3. カン止めの位置を修正

スタンダードフォームから写した型に、合わせ代10mmをプラス。カン止めの位置はセンターから4mm位置

01 ケント紙に直線を引き、ベロの部分のセンターラインを合わせてラインをなぞってけがきます

02 前側はバンプのラインと同じ位置をけがきます

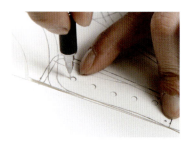

03 ひも通しの穴用に、1番目のレースホールの穴位置をけがきます

04 ベロの半面をけがいた状態です

05 スタンダードフォームを反転させて、ベロのもう半面をけがきます

06 こちら側のひも通しの穴用に、2番目のレースホールをけがきます

07 ベロの型紙の基本形をけがいた状態です

POINT

08 先端部分に、合わせ代分の10mmを足します

オックスフォードを仕立てる

用語解説

●カン止め：内羽根の場合、羽根の付け根部分を内外で縫い止めて補強をした構造です

09 雲型定規を使って、緩やかな曲線で先端のラインをけがきます

10 けがいたレースホールの穴と穴の中心を、直線で繋ぎます

11 カン止めの穴を直径1mmでけがきます

12 10で引いた線上に、センターラインから4mmの位置を取って直径3mmの円をけがきます

13 ベロの型紙に必要なラインが、全てけがけた状態です

14 アウトラインに沿って、型紙を裁断していきます

◆ 羽型の型紙の製作

15 カン止めの穴と12で印したひも通しの穴の位置にハトメ抜きで穴をあけます

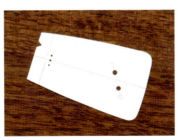

16 完成したベロの型紙です。内側に来る方の先端に、切込みを入れます

01 羽型部分のラインをなぞり、ケント紙にけがきます

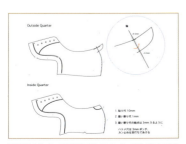

羽型は左右で形が異なるので、2枚分けがきます

02 羽型の前側の部分に、貼り代分の10mmを足します

03 雲型定規を使って、足した分の線をスムーズにけがきます

45

型紙を起こす

04 バックシームラインは縫い割り代として1〜1.5mmプラスするので、その基準となる印を付けます

05 バックシームラインプラス1mmのラインを引いた状態です

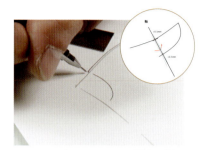

06 ドッグテイルのラインの位置に、元々のバックシームラインに、0.5mmプラスした印を付けます

07 バックシームラインプラス0.5mmの点を結んで、線を引きます

08 ドッグテイルのラインを、目打ちでなぞって広げます

09 トップラインのドッグテイルに当たる部分に、切れ目を入れます

10 08で引いた線にカッターで軽く切れ目を入れて、線に合わせて折ります

11 ドッグテイルのラインをなぞり、反転した状態でけがきます

12 折った部分を開くと、裏側にこのようにドッグテイル部分がけがけます

13 けがかれているドッグテイル部分を、カッターで裁断します

14 表側にして、残りの部分を全て裁断します。内側は、ドッグテイル部分は反転させません

15 直径3mmのハトメ抜きで、レースホールに、直径1mmでカン止めとラインに穴をあけます

オックスフォードを仕立てる

16 内側のみドッグテイルの合わせ位置をスリットにします

17 貼り合わせ位置のラインも、穴と穴を繋いでスリットにします

18 完成した羽型の型紙です

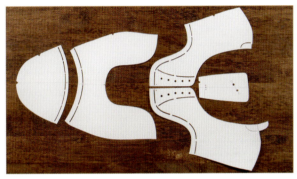

表革の型紙一式です。左右は反転させて使用します

◆ 羽型ライニングの製作

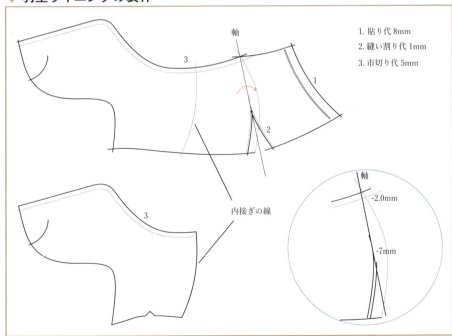

1. 貼り代 8mm
2. 縫い割り代 1mm
3. 市切り代 5mm

軸

内接ぎの線

-2.0mm
-7mm

羽型のライニングのヒントです。内側と外側で形が異なるので注意が必要です

型紙を起こす

01 羽型のライニングの型をケント紙にけがきます。大きいほうが外側、小さいほうが内側です

02 トップラインの上に市切り代(本体よりもはみ出し、市切りでカットする部分)分5mmを足します

03 外側のバックシームラインよりも7mm内側にラインをけがきます

04 雲型定規を当てて、03でけがいた線を清書します

05 トップラインの位置に合わせて、バックシームラインからマイナス2.0mmの位置に印を付けます

06 マイナス7mmしたバックシームラインの頂点と05で付けた印を結んで軽く切れ目を入れ、反転軸にします

07 余分なラインを消して、ラインを整理します

08 06で引いた直線の下のバックシームラインに、プラス1mmしたラインを引きます

09 このバックシームラインプラス1mmのラインは、縫い割り代になります

10 内接ぎの線を写した線に切れ目を入れ、目打ちでなぞって線を広げます

11 06で入れた切れ目で型紙を折り返し、10の線までを反転した状態でけがいて写します

12 折り目を開くと、このような状態になっています(p.47図参照)

オックスフォードを仕立てる

13 11でかいた部分に、貼り代分8mmをプラスします

14 雲型定規を使って、貼り代部分の線を清書します

15 外側の型紙の後端は、貼り代部分の線で裁断します

16 バックシームライン部は、縫い割り代1mmを考慮したラインでカットされることになります

17 貼り代の線はハトメ抜きで端に穴をあけ、カッターでスリットにします

18 前側に入る切れ目の部分(p.37の48で引いたライン)もカットします

●用語解説

●市切り代‥後に市切りを使ってカットする余り部分

●縫い割り代‥縫った部分を左右に割るための代

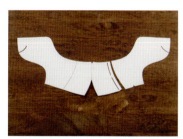

19 羽型のライニングが完成した状態です

◆ バンプライニングの型紙製作

図1:バンプのライニングは、スタンダードフォームを回転させながら、反転の軸からはみ出した部分を軸の下部に収める必要があります

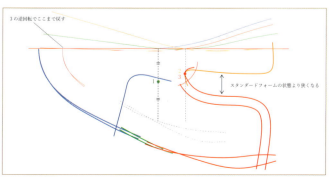

図2:までの回転の回数は、使用する基型の形状により増えることもあります。3の逆回転で戻すことにより、腰裏のパーツが基型の形により近い角度で接続することになります

49

型紙を起こす

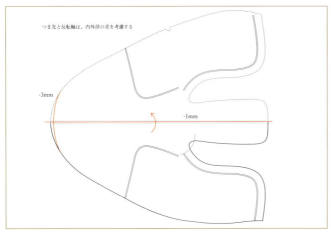

バンプのライニングは、このように1枚で構成されます

01 他の型紙と同様に、新しいケント紙に反転の軸となる直線を引きます

02 スタンダードフォームの、甲の立ち上がっていない部分までを直線に合わせます

03 底辺のラインを内外2本ともなぞってけがきます（※定規から左が写し取る部分です）

04 底辺のラインはこのような状態になります。サイドライニングの合わせ位置もけがいておきます

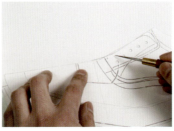
05 カン止めの上部センターラインが直線に接する位置まで、スタンダードフォームを回転させます

06 回転させた状態で、再度底辺のラインを2本ともなぞってけがきます

07 底面のラインが下方向に広がっていくのが確認できます

08 ベロの付け根の最も深くえぐれている部分を軸にして回転します

09 ベロのセンターラインとベロのトップラインとの交点が直線上に重なるまで回転し、ベロの形をけがきます

オックスフォードを仕立てる

10 ベロの部分をけがいた状態です

11 08と同軸で、つま先部のセンターラインとフェザーラインとの交点が反転軸の直線上に重なるまで戻します

12 11の状態でベロまで繋がる後ろ側の部分をけがきます

13 底面のラインを整理して、不必要な線を消します

14 内側の線と外側の線をそれぞれ、1本ずつの線にした状態です

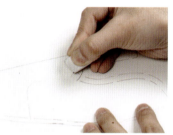
15 ベロのえぐれている部分も、線が二重になっている部分を整理して、きれいに繋げます

16 スタンダードフォームを回転させたことによって生じた複数の線を、整理した状態です

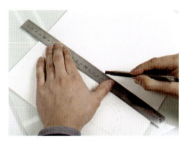
17 センターの線に沿ってカッターで軽く切れ目を入れます

18 トゥ部分は3mm先端を落として、雲型定規を使ってラインを整えます

19 センターの1mm下に、もう1本ラインを引きます。18と19の作業は、吊り込み時にライニングが余るためです

20 バンプのライニングの片側をけがいた状態です

21 1番外のラインで、バンプライニング半面のアウトラインを裁断します

型紙を起こす

22 ベロ部分も整理したラインに沿って裁断します

23 片側分だけ裁断すると、このような状態になります

24 センターの線で型紙を折ります

25 折って反転した状態で、型紙のアウトラインをけがきます

26 底面の内側に入るラインを、ルレットでなぞって写します

27 ルレットで付けた線を、雲型定規で清書します

28 まず外側のラインで裁断します

29 外側の線で裁断したら、内側に交差する線で裁断します

30 バンプライニングのアウトラインがカットできた状態です

31 センターで二つ折りにして、サイドライニングの貼り合わせラインの始点と終点に1mmの穴をあけます

32 穴の間をカッターで切って繋ぎ、貼り合わせラインをスリットにします

33 貼り代の部分もスリットにして、バンプの型紙は完成です

オックスフォードを仕立てる

◆ サイドライニングの型紙製作

01 スタンダードフォームをケント紙の上に置いて、サイドライニングの型をけがきます

02 サイドライニングの型がけがかれた状態です。内側用もけがきます

03 雲型定規でラインをスムーズに繋ぎ、清書します

04 清書したラインに沿って、型紙を裁断します。内側には切り込みを入れておきます

◆ 先芯の型紙製作

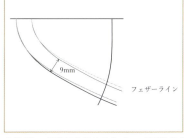

先芯はトゥ部分に入る芯です。9mm吊り込み代を取って、中心線から左右均等な形状で製作します

01 ケント紙に引いた直線にセンターラインを合わせ、スタンダードフォームのトゥ部分をけがきます

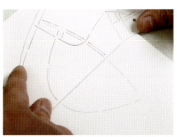
02 片側をけがいたら、スタンダードフォームを反転させて、先にけがいたラインの位置に合わせます

03 反転させたスタンダードフォームのトゥ部分をけがくと、このような状態になります

04 トゥ部分に外側に、9mmのラインをけがきます。これは吊りこみ代になる部分です

05 04で引いたラインに雲型定規を当てて、清書します

06 吊りこみ代がけがかれた状態。これが先芯の形状になります

● 用語解説
吊り込み代：吊り込み作業を行なう際に、底側にアッパーの革を引き込むための余分

53

型紙を起こす

07 けがいたラインに沿って、ケント紙を裁断します

08 完成した先芯の型紙。先端と内側には切り込みを入れておきます

◆ 月型芯の型紙の製作

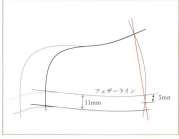

月型芯はかかとの部分に入る芯です。11mm下側に吊りこみ代を設けます

01 スタンダードフォームの月型芯のラインを、ケント紙にけがきます

02 月型芯はこのような状態でけがかれるので、これを元に半分を反転して展開します

03 底面のラインから5mm下の位置に印を付けます

04 03で付けた印とバックシームラインのトップを繋ぐ線を引きます

05 底面のライン（フェザーライン）から11mm下に吊りこみ代のラインをけがきます

06 雲型定規を使って、吊りこみ代のラインを清書します

07 1番外側のラインで、月型芯の半面の形を裁断します

オックスフォードを仕立てる

08 下側は吊りこみ代のラインでカットします

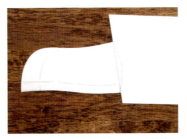
09 月型芯の半面がカットされた状態です

10 04で引いた線で、型紙を折ります

11 型紙を折ったら、先に裁断してある部分のアウトラインをけがきます

12 折ってあった部分を開くと、このような状態になります

13 けがいたラインに沿って、残りの半面を裁断します

◆ ヒールゲージの製作

14 先にけがいてあった、内側の線で裁断します

15 これで月型芯は完成です。内側とセンターに切れ込みを入れておきます

01 中底の型紙をケント紙の上に置き、かかとの部分をけがきます

02 センターの位置に印を付けます

03 02で付けた印を基準に、センターラインを引きます

04 足長の24〜28%の範囲で、ゲージの縦の長さを決めます

用語解説
● ヒールゲージ：かかととの取り付け位置の目安を印すために使用する型紙

型紙を起こす

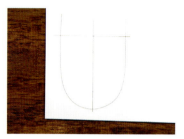
05 ヒールケージの基本となる形がけがけた状態です

06 3mm外側にラインをけがきます

07 08でけがいたラインを、雲型定規を使って清書します

08 踏まず側を少し長めに残して裁断し、センターのラインに軽くカッターで切れ目を入れます

09 型紙をセンターで縦に二つ折りにします

10 04で引いたラインに雲型定規を当てて、好みのカーブで踏まず側の形状を決めます

11 型紙を折ったまま、10で引いた線で裁断します

12 完成したヒールケージです

❖ かかと敷きの型紙製作

01 中底の型紙をケント紙の上に置き、写し取ります

02 中底型紙に合わせてけがいたラインより、3mm外側にラインをけがきます

03 02でけがいたラインを、雲形定規で清書します

04 足長の40%程度を目安に、かかと敷きの長さを決めます

オックスフォードを仕立てる

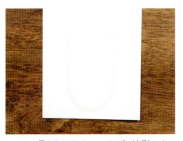

05 長さをクリアしていれば、前側のカットラインは自由にデザインできます

06 けがいたラインに合わせてカットして、かかと敷きは完成です

型紙の出来不出来は靴が完成してから分かる

型紙がきちんと製作できているかを確認できるのは、靴が完成した後のことになります。型紙を製作することこそが、靴職人としての最も難しい部分であり、最も楽しい部分と言えるのかもしれません。

型紙の確認のための仮吊り込み

プロの職人は、型紙からいきなり本番の製作は行ないません。型紙の確認のために本番では使えない革を使って仮アッパーを作り、仮吊り込みをして確認します。

本番用の革のシワや傷で使えない部分を使って、仮アッパーを製作し木型にセットします

本番と同様に、木型に吊り込んで行きます

まずはおおまかに周囲を釘で打って、仮アッパーを木型に固定します

正確に型紙を修正するために、ライニングもきっちり引いて吊り込みます

アッパーとライニングを同時に引いて、甲の部分を木型に密着させます

完全に吊り込む訳ではありませんが、甲の部分がきちんと張る程度に釘で留めます

仮吊り込みが終わった状態です

仮アッパー上で気になるラインを修正して、それに合わせて型紙も修正します

靴作りに使う主な道具①

線や印を付ける道具

型紙に印を付けたり、線を引いたりする際に使用する道具類です。正確な位置に印や線を引くことは、靴作りの基本となる作業なので、適切な道具を使い分けて作業しましょう。

シャープペンシル（0.3mm）

型紙の線をけがく際に使用します。スタンダードフォームに入れた切込線をなぞるので、細い0.3mm芯タイプを使用します

スタビロ鉛筆

ビニールシートの上にはっきり線を描くことができる、ドイツスタビロ社製の色鉛筆。木型の基準線をシートに写す際などに使用します

雲型定規

カーブしているラインをけがくのに使用します。スタンダードフォームのラインから写したラインを、ちょうどいいラインに合わせて清書します

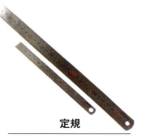

定規

直線ラインの清書や、基準となる点の位置などを測るのに使用します

ディバイダー（コンパス）

エッジから均等に距離に印を付ける際など、等間隔に印を付ける際に使用します

ノギス

漉き加工をする部品の厚みを確認する際など、厚みを測るのに使用します

銀ペン

型紙を革に写したり、革に直接目印を付ける際に使用します

巻き尺

カーブしている部分に添わせて長さの計測ができる、ビニール素材の計測道具です

銀ペンコンパス

銀ペンの芯を取り付けて、均等間隔の印や線を直接革にけがくことができる道具です

ステッチンググルーバー

糸を革に埋めたい時に、革に溝を彫る道具です。エッジに引っ掛けて、エッジから均等な距離で溝が掘れます

ルレット

先端に付いた歯車で、点線状の穴を空ける道具です。型紙の線を写す際に使用します

オックスフォードを仕立てる

製 甲

型紙に合わせて部品を裁断し、漉き加工をしてから組み合わせてアッパーを製作します。アッパーの部品は組み合わせていくと立体になっていくように裁断されているので、この作業が終了すると、靴の原型らしき形ができ上がります。アッパーの縫製は、基本的にミシンを使って行ないます。

> オックスフォードを仕立てる

各部品の裁断

　型紙に合わせて、素材となる革から部品を裁断します。本体は1～1.5mm厚のクロムなめし革、ライニングはコンビなめし革を使用します。本体の革は傷が無く、繊維が詰まった場所から切り出します。部品の伸び方向も考慮して、下図で示している革の繊維方向にも注意しましょう。

　裁断は銀ペンで表面に型を写し、ハサミ等で粗裁ちしてから革包丁で型紙の線の上を正確に本裁ちします。革は天然素材のため、使用する革の性質は一枚ごとに異なると言っても過言ではありません。使用する革の性質や状態をよく確認してから作業を始めましょう。

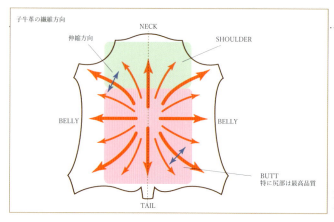

革の繊維の方向や密度を理解して、部品に最適な部位を切り出します

◆ 型紙のけがき

01 本体アッパーに使用する革です。全裁で用意して広げ、革の状態を確認します

02 手で持って引っ張り、革の繊維方向や状態を確認します

03 革の繊維方向や部位を考慮して、最適な位置に型紙を配置します

04 本体アッパー用の全ての型紙を、革の上に配置した状態です

05 型紙のアウトラインを、銀ペンを使って革のギン面にけがきます

06 スリットにしておいた、ステッチラインや合わせ位置もけがきます

オックスフォードを仕立てる

用語解説
●ライニング：靴の内貼り。ギン面側が内側になります

07 銀ペンの跡が残らないように、表面に軽くけがくようにしましょう

08 本体のアッパー部品の型を全てけがいた状態です。左右は型紙を反転させているので、間違えないように注意しましょう

◆ 粗裁ち

01 けがいたラインの少し外側を、粗裁ちします

02 大きな革の状態から部品を直接切り出すのは、上級者以外は失敗のリスクがあるのでお勧めしません

03 ライニングは本体程革の状態に気を使いませんが、なるべく状態の良い場所に型紙をけがきます

04 けがいたラインの外側で、粗裁ちします

05 ライニングの各部品を同様にけがきます

06 ライニング用の各部品を、粗裁ちします

07 サイドライニングには薄く丈夫な豚革を使用します。ギン面に型をけがき、粗裁ちします

各部品の裁断

08 粗裁ちされた、本体アッパーのトゥキャップとバンプです

09 粗裁ちされた本体アッパーの羽型とベロです

10 粗裁ちされたライニングのバンプです

11 粗裁ちされた羽型のライニングとかかと敷きです

12 粗裁ちされたサイドライニングです

◆ **本裁ち**

01 本体のバンプを本裁ちします。革包丁で、正確にけがいた線の内側を裁断します

02 トゥキャップの後ろ側はピンキングバサミで裁断します

03 トゥキャップの前側は革包丁でラインに沿って裁断します

04 羽型はドッグテイルの部分等の細かい部分を、正確に裁断します

05 ライニングは革が薄いので、包丁が切れないとシワになってしまうので注意しましょう

06 ライニングの裁断は、しっかりと革を押さえておくこともポイントです

07 サイドライニング用の豚革も薄いので、しっかりと押さえながら裁断しましょう

オックスフォードを仕立てる

◆ 本体アッパー部品

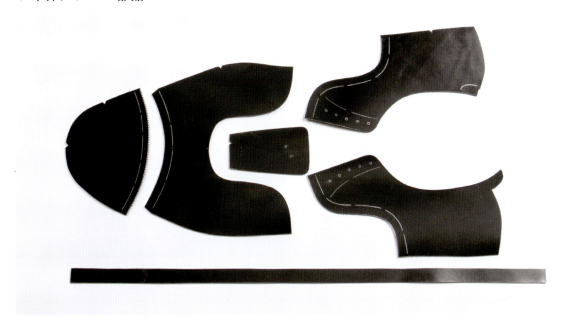

本体アッパーの片側用の部品一式です。テープ状の部品ビーディングテープは、15mm×500mmで本体と同じ革から切り出しておきます

◆ ライニング部品

片側用のライニングの部品一式です。本体と床面同士で貼り合わされるので、実際にはギン面が裏側を向くことになります

用語解説
● ビーディングテープ：履き口の周囲の表側とライニングの間に入る、伸び止めの役割を持つ革テープ

オックスフォードを仕立てる

各部品の漉き加工

　部品と部品が重なる部分は厚みが出てしまいます。その厚みを抑えるために行なうのが、革の厚みを調整する漉き加工です。靴製作で重なる革は2枚までなので、下に重なる部分の厚みはゼロまで漉きます。漉く部分は斜め漉きで、漉き始める端の部分がゼロで、終わる10mm位置が元の厚さにになるように漉きます。この漉き加工が上手くできていないと部品が重なっている部分に厚みが出てしまい、履いた際に足に違和感を感じる原因になります。好き加工は革包丁を使って行なうこともできますが、やはり漉き機を使える環境があるに越したことはありません。

◆ トゥキャップの漉き加工

01 漉き加工は手でも行なうことができますが、漉き機があると作業効率が飛躍的に向上します

02 トゥキャップはバンプとの貼り合わせ部分の床面を漉き加工します

03 加工前のトゥキャップの床面です

◆ ベロの漉き加工

04 トゥキャップの後ろ側部分を、約5mm幅で斜めに1/3程度漉きを入れます

05 漉き加工を行なった状態の床面です

01 ベロは前側（写真では上側）の床面を漉き加工します

02 漉き加工前のベロの床面です

03 前側部分の床面を、10mm幅で斜め漉きします

04 ベロの前側に、漉き加工を行なった状態です

◆ バンプの漉き加工

01 バンプは、前方のトゥキャップと貼り合わさる部分の床面を漉き加工します

02 加工前のバンプの床面です

03 バンプ前方の床面を、10mm幅で後方を斜めにゼロ漉しします

04 漉き加工後のバンプの床面です

◆ 羽型の漉き加工

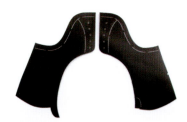

01 羽型はバンプとの貼り合わせ部分と、ドッグテイルの貼り合わせ部分、そしてトップラインを漉き加工します

02 加工前のバンプの床面です

03 羽型の漉き加工はカーブしている部分なので、均等に漉けるように正確に作業します

◆ ビーディングの漉き加工

04 加工後のバンプの床面です。写真右側の内側部品は、ドッグテイルの貼り合わせ部分を加工します

01 ビーディングテープも漉き加工を行ないます

02 加工前のビーディングテープの床面です

03 ビーディングテープは、左右から中心に向かって斜めに漉きます。左右の端はゼロ漉きにします

04 加工後のトコ面です。左右から中心に向かって斜め漉きしたことで、山型になっています

用語解説
● ゼロ漉き：ギンのみが残る程度に、厚みをゼロにする漉き方

オックスフォードを仕立てる

各部品の漉き加工

◆ 手漉きで追加工する

01 漉き機での加工に加えて、手作業で細部の追加工をします

02 羽型のドッグテイル部分は小さくて機械加工できないので、革包丁でト床面を斜め漉きします

03 ベロは足あたりを良くするため、横部分を上に向かって斜め漉きします

◆ 羽型ライニングの加工

羽型はドッグテイルと前側の部分を追加工します
01

加工前の羽型のライニングの床面です
02

外側の貼り代部分を斜めに漉き加工します
03

貼り代部分とトップラインが漉き加工された状態です
04

◆ バンプライニングの加工

01 バンプのライニングを漉き機で漉き加工します

02 バンプのライニングの床面です。羽型と重なる部分を加工します

03 薄いので、漉き機を扱う技術も要求されます。手漉きの方が上手くいく場合もあるので、検討します

オックスフォードを仕立てる

◆ かかと敷きの加工

04 漉き加工された状態の床面です

01 かかと敷きは前側部分を10mm斜めに漉き加工します

02 加工前のかかと敷きの床面です

03 加工後の床面です

◆ 手漉きでの作業

01 ライニングの革は薄いので、正確に作業したい部分は手漉きをします

◆ 羽型の追加工

01 羽型のライニングの先端部分に、型紙に指定されている切れ目を入れます

02 切れ目の裏側の部分を漉き加工します

03 切れ目部分の周囲の床面は、このような状態に漉きます

04 左右同様に漉き加工をします

各部品の漉き加工

◆ サイドライニングの加工

01 サイドライニングは上辺と側辺の床面を漉き加工します

02 サイドライニングの床面です。豚革は、床面とギン面を間違えないように注意しましょう

03 革が柔らかいので、ギン面側まで刃が出ないように注意しながら漉きます

04 床面を漉いた状態です

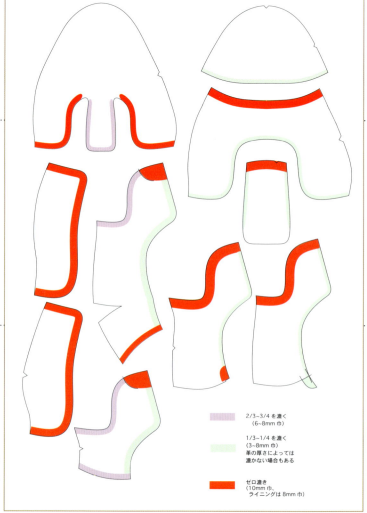

各部品の漉き方の目安です。漉き加工の出来の善し悪しは、履き心地に大きく関わってきます

> オックスフォードを仕立てる

アッパーの製作

　裁断し、漉き加工を施した部品を組み合わせて、縫い合わせていきます。アッパーの製作を始めると、それまで平面だった部品が少しずつ立体になり、最終的に靴の形になります。縫製はミシンを使って行なうことになるので、ミシンを使えるということが前提になります。部品同士の縫い合わせは部品の際の部分で行なうため、その縫い合わせができるミシンの技術が要求されます。実際に本書の監修者である三澤氏でも、「体調が万全で、集中力の高い日以外は作業しない」という程神経を使う作業なのです。心して作業に取り組む必要があります。

◆ 本体アッパー部品の下加工

01 部品を上に貼り合わせる部分のギン面を、割ったガラス片または荒目の紙やすりで荒らします

02 ギン面そのままだと接着剤の付きが悪く、作業中に剥がれてきてしまうことがあります

03 羽型はバンプが重なる前側の部分の貼り代を荒らします

04 バンプはトゥキャップが上に貼られる部分の貼り代を荒らします

POINT

05 表に出る裁断後のコバ面は、毛羽をライターで焼きます

06 羽型のトップラインはコバが出るので、バスコを塗ってコバを整えます

07 ベロの上側部分のコバも出るので、バスコを塗って処理しておきます

08 トゥキャップに飾り穴の位置を印します。ステッチラインの外に、8mm間隔で印を付けます

09 08で付けた印に合わせて、直径2.5mmの親穴をあけていきます

アッパーの製作

10 トゥキャップに飾り穴の親穴をあけた状態です。穴と穴の間隔が均等になっていることを確認します

11 親穴と親穴の間に、直径1mmのハトメ抜きで、2個の子穴をあけていきます

12 子穴があいた状態です。子穴の位置や間隔も、きちんと揃える必要があります

13 ベロにひも通しの穴をあけます。型紙に印した位置に、直径3mmのハトメ抜きで穴をあけます

◆ 羽型ライニングの製作

14 ベロはこのような状態になります。ここで一旦表革側から離れます

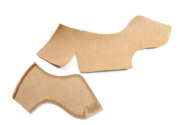

01 羽型ライニングの内外両側の部品を用意します

02 両方の部品の貼り代に、ゴムのりを塗ります。塗る面は内側が床面、外側がギン面です

03 貼り代を重ねて、内側と外側の羽型ライニングを貼り合わせます

04 貼り合わせた部分をポンポンで叩いて、しっかり圧着します

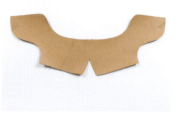

05 外側と内側を貼り合わせると、羽型ライニングはこのような状態になります

オックスフォードを仕立てる

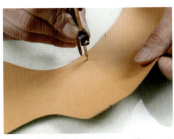
06 貼り合わせた部分のトップラインから8mm下、貼り合わせから5mm内側の位置に印を付けます

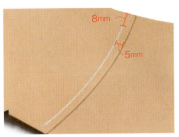
07 印を付けた位置から下に、銀ペンコンパスで縫い線を引きます

08 貼り合わせ位置の際を06の印の位置まで縫ったら縫い線まで横に縫い、縫い線の上を縫います

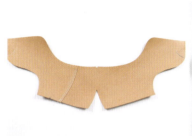

09 羽型を縫い合わせた状態です。下から縫い始めてコの字型に縫って下まで戻ってくることになります。使用した縫い針はTF×F8のSIZE11、糸は#30です。以降、全てのミシン作業で、吊りこみ代側は3目返し縫いします

10 ギン面を合わせて、バックシームラインで二つ折りにします

11 切り込みが入っていた部分を、際で縫い合わせます

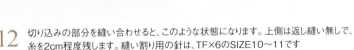
12 切り込みの部分を縫い合わせると、このような状態になります。上側は返し縫い無しで、糸を2cm程度残します。縫い割り用の針は、TF×6のSIZE10～11です

13 合わせていたギン面を開くと、このような状態になります

14 再度折り、ステッチラインの外側の縫い代を、ステッチギリギリまでカットします

15 カットした部分の断面に、ゴムのりを塗ります

用語解説

●ポンポン：製靴用の金属製ハンマー。ギン面を打つこともあるので、先端部分は磨いた状態で使用します

アッパーの製作

POINT

16 馬に縫い合わせた部分を押し当てて、できるだけ沿わせます

17 ポンポンの狭い面で、革の断面部分を細く叩いて潰します

18 ある程度まで断面を潰したら、ポンポンの広い面で強く叩いて、なるべく平らにします

19 床面側が平になったら、ギン面側を表にして馬にセットし、ポンポンで叩いて縫い目を割ります

20 このように糸がしっかり見えるようになるまで縫い目を割ります

21 羽型ライニングは、ここまで仕上げたら一旦置いておきます

◆ 羽型の縫製

01 本体の羽型部品の内側と外側を、ギン面合わせにしてクリップで留めます

02 バックシームラインをドッグテイル付け根から1目返して縫います。針はTF×6のSIZE10、糸は#30です

03 本体羽型のバックシームラインを縫い合わせた状態です

04 ここで縫い残したドッグテイルの部分は、後で別に縫い合わせます

05 糸を片面に出して、2mm程残して余分をカットします

06 残した糸の端をライターで炙って熔かし、糸留めをします

オックスフォードを仕立てる

用語解説
●馬：かかと部分などの形を出すために使用する、木製の打台

07 縫い合わせた部分の断面に、ゴムのりを塗ります

08 ライニングの時と同様に馬にセットして、できるだけ沿わせます

09 ポンポンの狭い面で、革の断面部分を細く叩いて潰します

10 断面をある程度まで潰したら、ポンポンの広い面で叩いて、表面を平にしていきます

11 床面側が平らになったら、ギン面側を表にして馬にセットします

12 ポンポンで叩いて縫い目を割り、型の形を付けていきます

13 ギン面を表側にして二つ折りにできるくらいまで、しっかりと縫い割りをしておきます

14 ドッグテイルの部分にゴムのりを塗ります

15 位置を合わせてドッグテイルを貼り合わせます

16 縫い割りをしたことで、本体羽型のバックシームラインはこのような状態になります

17 バックシームラインの縫い目の床面側に、補強用のナイロンテープを貼ります

アッパーの製作

18 補強テープは隙間がシワができないように、しっかりと縫い目の上に貼ります

19 ドッグテイルからバックシームラインにかけて縫い合わせます。縫い始めは1目返します

20 ひと目返し縫いして縫い終わり、縫い終わりの糸を床面側に出します

21 2mm程残してカットした糸を、焼き留めして始末します

22 バックシームラインはこのような状態に仕上がります

◆ 飾りステッチを入れる

01 羽型の先端部分に、飾りステッチを入れます

02 けがいたラインからずれないように、注意してステッチを入れます

03 トップライン側の糸は1目返し縫いして、糸を床面で処理します。裏側に出して、焼き留めします

04 飾りステッチを入れた状態です

◆ ビーディングテープを貼る

01 トップラインの床面に、ゴムのりを塗ります

02 トップラインに沿って、床面に補強テープを貼ります

オックスフォードを仕立てる

用語解説

●菊寄せ：カーブ部分で放射状に細かいシワを作って革を収める方法です

03 補強テープを貼った状態です

04 ビーディングテープの床面に、ゴムのりを塗ります

05 床面同士を貼り合わせて、ビーディングテープを縦に二つ折りにします

06 二つ折りにしたビーディングテープを、ポンポンで叩いて圧着します

07 二つ折りにしたビーディングテープの片面を、ガラス片で削って荒らします

08 ビーディングテープの荒らした面に、ゴムのりを塗ります

09 羽型のトップラインにゴムのりを塗ります

10 トップラインに合わせてビーディングテープを貼ります、カーブの部分はシワを寄せてクリアします

11 トップライン上にビーディングテープを貼ったら、余分なテープをカットします

12 カーブの部分に寄せたシワを、菊寄せして細かくします

13 菊寄せしたシワを、ポンポンで叩いてできるだけ潰します

14 テープの端の部分は、斜めに漉いてできるだけ厚みが出ないようにします

アッパーの製作

◆ 羽型とライニングの縫製

15　菊寄せしたカーブの部分の出っ張ってるシワを漉いて平らにします

16　ビーディングテープ上で白くなっている部分が漉いた部分です

01　ビーディングテープを貼ったトップラインの床面に、ゴムのりを塗ります

02　羽型ライニングのトップラインにもゴムのりを塗ります

03　羽型ライニングのトップラインには市切り代が設けられているので、5mmはみ出した状態で貼ります

04　本体とライニングを貼り合わせたら、3mmのハトメ抜きでレースホールをあけます

05　羽型の本体とライニングを貼り合わせた状態です

06　レースホール部分のライニングを剥がし、裏側からハトメをセットします

07　全てのレースホールに、このようにハトメをセットします

08　菊割りを使って、ハトメを留めます

09　菊割りで留めたハトメを、ポンポンで叩いてなるべく平らに潰します

10　剥がした部分のトップラインに再度ゴムのりを塗ります

オックスフォードを仕立てる

11 再度貼り合わせたら、ポンポンで叩いて圧着します

12 縫い合わせる前にトップライン全周を叩いて、しっかり圧着します

13 トップラインを際の部分で縫い合わせます

14 トップラインを縫い合わせた状態です。トップラインを縫い合わせたことで、ライニングと本体はひとつの部品になります

15 トップラインからはみ出しているライニングの端に、切れ目を入れます

16 切れ目から市切りを入れて、本体のトップラインに合わせて余分なライニングをカットしていきます

17 なるべく本体のコバギリギリの位置で、ライニングをカットするようにしましょう

18 ライニングがカットできた状態です。これで羽型部分の基本形は完成です

用語解説

● 菊割り：先端が片面ハトメを留める際に使用する工具です。先端が菊の花のような形状になっているためこう呼ばれます

アッパーの製作

19 直径1mmのハトメ抜きで、カン止めの穴をあけます

20 レースホールに、仮留め用のひもを通します

21 羽の部分に隙間ができないように、しっかりと押さえながらひもを通します

22 羽が開かないようにしっかりと結びます

23 ひもを通して結び、羽型をこのような状態にしておきます

◆ バンプと羽型の縫製

01 バンプのトゥキャップ貼り代に、ゴムのりを塗ります

02 トゥキャップのバンプとの貼り合わせ部分（床面側）にも、ゴムのりを塗ります

03 バンプとトゥキャップを、センター付近から貼り合わせます

04 バンプとトゥキャップを貼り合わせた部分を、ポンポンで叩いて圧着します

05 トゥキャップの切り口と飾り穴の間とステッチライン上を、ミシンで縫い合わせます

オックスフォードを仕立てる

06 バンプとトゥキャップを縫い合わせた状態です。特に高い縫製の技術が必要とされる部分です

07 羽型前方のバンプとの貼り代に、ゴムのりを塗ります

08 バンプ側の貼り合わせ位置（床面側）にもゴムのりを塗ります

09 羽型の形を安定させるために、写真のように膝に被せるようにして保持します

10 バンプのセンターを羽の合わせ目に合わせて、センター部分からバンプと羽を貼り合わせます

11 貼り合わせの線がずれないように、丁寧に貼り合わせていきましょう

12 端までしっかりと貼り合わせると、より立体的になります

13 貼り合わせた部分をポンポンで叩き、圧着します

14 羽型のライニングを、履き口部分から外に引き出します

アッパーの製作

15 羽型のライニングを引き出した所を、裏から見た状態。この状態で本体側を縫い合わせます

16 バンプと羽型を貼り合わせた部分を、バンプの際で縫い合わせていきます

17 バンプと羽型が縫い合わされた状態です。なんとなく靴の形が見えてきました

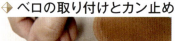
◆ ベロの取り付けとカン止め

18 裏から見た所です。ライニングは先端の一部分だけ本体と一緒に縫い合わされています

01 バンプのライニング床面のベロ部分に、ゴムのりを塗ります

02 ベロの床面にゴムのりを塗ります

03 サイドライニングの取り付け位置に、ゴムのりを塗ります

04 サイドライニングの床面にゴムのりを塗ります

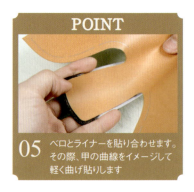
POINT
05 ベロとライナーを貼り合わせます。その際、甲の曲線をイメージして軽く曲げ貼りします

06 貼り合わせたベロを、ポンポンで叩いて圧着します

07 ベロの周囲3辺に、5mm幅で縫い線を引きます

08 07で引いた縫い線に合わせて、ベロの周囲を縫い合わせます

80

オックスフォードを仕立てる

09 縫い終わりの糸は1目返し縫いし、表側に出して始末します

10 表側に出した糸を焼き留めします

11 ベロとライニングが縫い合わされた状態です

12 全体を見ると、ベロはこのような状態でライニングの床面に付きます

13 ベロの上に付けておいた印に合わせて、カン止めの穴を直径1mmのハトメ抜きであけます

POINT
14 ここのカン止めの穴は3つです。羽側にあけた穴と位置を合わせていきます

15 パンプのライニングを本体に合わせていきます

16 本体とライニングの端を合わせて、クリップで留めます

17 本体とライニングは、このように3点程度クリップで留めます

18 針を刺してカン止めの穴位置を合わせます

19 端から通した糸を、表側から反対端の穴に通します

20 18の状態を裏からみた状態です。糸の端を20mm程残します

アッパーの製作

21 戻してきた針の先に、残しておいた糸の端を刺します

22 糸に針を刺したら、針を反対側の端の穴に通します

23 **19**と同様に表側に通した針を、表側から反対端の穴に通します

24 **23**の針を、今度は真ん中の穴に刺します

25 真ん中の穴から表側に出た糸を、先に通っている糸にかけて同じ真ん中の穴に刺します

26 表側の糸は、このように横方向の糸に真ん中で縦に糸がかかった状態になります

27 裏側に戻した糸を、先に通してある糸の間に通します

28 糸に通した状態で、結び目を作ります

29 結び目を作ったら、余分な糸をカットします

30 結び目をライターで溶かして焼き留めます

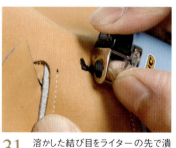
31 溶かした結び目をライターの先で潰します

32 ポンポンで叩き、糸ができるだけ出っ張らないように潰しておきます

82

オックスフォードを仕立てる

33 カン止めが終わった状態です。カン止めをしたことで、バンプのライニングの位置も決まります

34 バンプのライニングの羽型のライニングとの貼り代に、ゴムのりを塗ります

35 羽型ライニングの貼り代にも、ゴムのりを塗ります

36 バンプと羽型のライニングを、貼り合わせます

37 先にゴムのりを塗っておいたサイドライニングも、貼り合わせます

38 サイドライニングは少し丸みを付けながら貼り合わせます

39 貼り合わせた部分をポンポンで叩き、縫う前に圧着しておきます

40 際と5mm離れた部分のダブルステッチで縫い合わせるので、際から5mmの縫い線を引きます

41 本体を裏側にめくり上げて、ライニングを露出させます

42 **40**で引いた縫い線から縫っていきます。線から外れないように注意しましょう

43 貼り合わせた際の部分でも縫い合わせていきます。両側を同様に縫い合わせます

44 縫い終わりの糸は床面側で処理します

アッパーの製作

45 ライニングを縫い合わせたら、本体を元に戻して、ライニングをセットします

46 本体とライニングの間に隙間ができないことを確認します

47 ライニングを縫い合わせた部分はこのように収まります

48 これでアッパーの製作は終了です。ここまでの作業で、靴の基本的な形状になります。右側も同様に製作します

オックスフォードを仕立てる

吊り込み

中底の加工を行ない木型の底に取り付けたらアッパーを木型に被せ、ワニを使って底側に革を吊り込んでいきます。革を吊り込むことで甲やかかとの部分が木型に沿って形作られ、靴の形ができてきます。少しずつ吊り込む間隔を狭めていくことで、しっかり木型の形を出していきます。

オックスフォードを仕立てる

中底の製作

　中底は靴の内側になる底で、足と直接接する部品です。この中底にはある程度厚みと強度のある革が必要で、MISAWA & WORKSHOPでは4mm厚以上のヌメ革を使用しています。中底に使用する素材の固さや厚みは、履き心地に影響してくるので、素材選びには注意しましょう。

　中底はアッパーの吊り込みの際に必要となるので、この「吊り込み」の項目の中で製作作業を紹介しています。中底は木型に沿わせてクセ付けをし、底面にはすくい縫い作業の際に必要となる溝を彫ることになります。革包丁の使い方が少し難しいので、端革で練習しておきましょう。

◆ 中底のクセ付け

01　中底に使用する革は、4mm厚以上のヌメ革（ショルダー部）です

02　中底の型紙を当てて、周囲をけがきます

03　内踏まずの部分以外は、けがいた型の外側で粗裁ちします

04　粗裁ちした中底です

05　ギン面を割ったガラス片で削り落とします

06　ギン面を落としたら、荒目の紙ヤスリで削ってさらに表面を荒らします

07　表面を荒らした状態の中底です

08　ギン面側全面に、水を含ませます

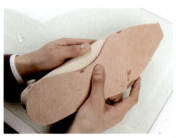

09　木型にギン面側を当てて、内踏まずの位置を合わせます

オックスフォードを仕立てる

用語解説

● **中底**…靴の内側の底部で、足の裏が直接当たる部分。インソールとも呼ばれる

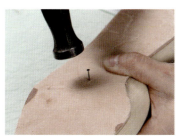

10 底の中心付近に釘を打って、位置を決めます

11 内踏まずの位置を合わせて、かかと付近にもう1本釘を打ちます

12 つま先側にも釘を打ち、中底の位置を固定します

13 釘はあまり深く打たず、飛び出した部分はこのように折っておきます

14 木型の底面からはみ出している部分を、ある程度近い形まで裁断します

15 かかと側も同様に、ある程度木型に近い形に裁断します

16 中底に形を付けるために、ゴムチューブを先端から巻き付けていきます

17 ある程度力をかける必要があるので、しっかりとチューブを伸ばしながら巻いていきます

18 全周にゴムチューブを巻き終えたら、しっかりと結んで留めます

この状態で一晩程度置いて、中底に木型のクセを付けます

19

中底の製作

◆ 中底の成型

01 ゴムチューブを外し、中底が木型の底にぴったり合っていることを確認します

02 横から見ると、土踏まずの曲線に、中底が沿っているのが確認できます

03 木型のエッジギリギリの所まで、中底の外周を削り込んでいきます

04 各エッジを上から見て、はみ出している中底を少しずつ削って形を合わせます

05 つま先やかかとの部分も、しっかりと削り込んで形を整えます

POINT
06 中底の形がぴったり木型に合った状態です

07 固定していた釘を抜き、中底を木型から外します

08 上面のエッジに革包丁を当てて、軽く面取をします

09 これで中底の基本形は完成です

◆ 中底に溝を彫る

01 再度中底を釘で打って木型に固定します

02 中底の底面に、もう一度中底の型紙を当てます

03 型紙にある内外それぞれのジョイントポイントを写します

オックスフォードを仕立てる

04 型紙を外して、内外のジョイントポイントを結ぶ線を引きます

05 04で引いた線を基準に、足長の10%（サンプルは25cmなので25mm）後ろに印を付けます

06 05で印を付けた位置を基準に、04とで引いた線と平行な線を引きます

07 ヒールゲージを当てて踏まず側の位置（カーブしていないラインの位置）に印を付けます

08 07で付けた印を結んで線を引きます。これで基準となる線が引けました

09 中底の外周に沿って、4mm内側に線を引きます。線はヒールゲージの線から後ろには引きません

10 次に外周から14mm内側に線を引きます。この線はヒールゲージの線から後ろにも引きます

11 4mmの線まで斜めにコバを裁断します

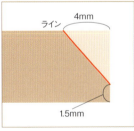

12 10で引いた線に沿って、1.5mmの深さで切れ目を入れます

13 10で引いた線のさらに7〜10mm内側から斜めに革包丁の刃を入れていきます

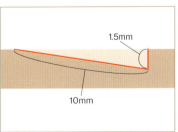

中底の製作

14 12で入れた切れ目まで包丁の刃を入れ、溝を掘っていきます

15 かかとはヒールケージのラインから後端に向かって、3mm程度の厚みになるように斜めにカットします

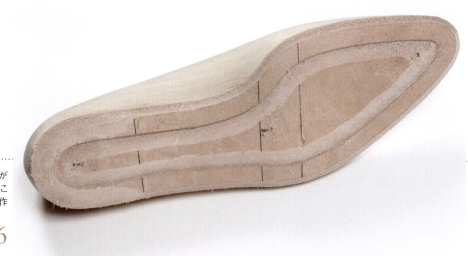

16 中底の底面の加工が終了した状態です。この状態で吊りこみ作業に入ります

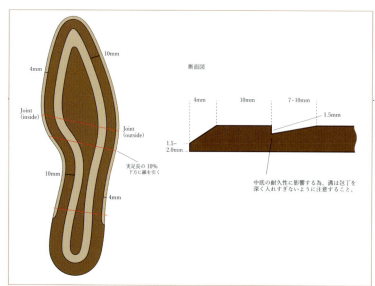

中底の加工図です

オックスフォードを
仕立てる

芯の製作

　柔らかいクロムなめしの革を使って作った靴を、シャキッとした感じにしているのはこの芯です。芯はつま先に入る先芯と、かかと部分に入る月型芯の2種類が使われます。芯に使用するのは3mm厚程度のヌメ革ですが、そのままの厚みでは使わずに、ある程度漉き加工をして使用します。どちらの芯も靴の製作には欠かせないものですが、特に先芯は「靴の顔を作る部品」と呼ばれる程重要な部品なので、しっかりと作る必要があります。

　芯製作のポイントとなるのは細かい漉きなので、p.91の図を参照にしっかり漉き加工を行ないましょう。

01　月型芯の型紙を革のギン面に当てて、型をけがきます

02　先芯の型紙も同様にも、革のギン面に型をけがきます

03　けがいた線に沿って、革を裁断します

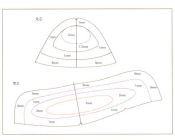

04　芯の各部はこのような厚みに漉いていきます

05　月型芯のギン面を、割ったガラス片で削り落とします

06　先芯のギン面も同様に、割ったガラス片で削り落とします

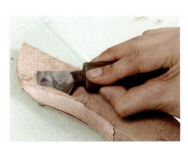

07　月型芯を周囲から漉いていきます

08　端の部分は先端に厚みのないゼロ漉きにすると、中心に向かって厚みが残ります

09　先芯は先端が1mm厚、後端はゼロ漉きとなります

91

芯の製作

10 先芯の中央部分は、2mm厚さを残します

11 漉いた床面側にブラシで水を含ませます

12 割ったガラス片で、表面を削って滑らかな形状に仕上げます

13 月型芯の漉いた床面にも、同様にブラシで水を含ませます

14 月型芯の表面も、割ったガラス板で削り、滑らかに仕上げます

漉く前と漉いた後の先芯の比較です。ほとんどの部分は漉いて薄くなってしまいますが、漉いた後でも最も厚みがある部分は2mmなので、厚めの革で作る必要があります

15

同じく漉く前と漉いた後の月型芯の比較です。月型芯は最も厚い部分が3mmあります

16

> オックスフォードを仕立てる

吊り込み作業

　靴作りの作業の中で、この吊り込み作業は最も特徴的な作業と言えるでしょう。革という素材が持つ特徴を最大限に活かした作業でもあり、靴作りの代表的な道具であるワニを使用する作業です。この作業用に作られたワニという道具が、どうしてあのような形をしているかということも、一度作業をすれば理解できるでしょう。

　吊り込みの出来不出来はそのまま靴の見た目に反映されることになります。ある程度のやり直しが効く作業なので、納得がいくまで吊り込み直しましょう。この釣り込みが終わると、アッパーは靴の形になります。

◆ 芯の貼り付け

01 木型にベビーパウダーを塗ります。これは木型を外しやすくするためです

02 アッパーのライニングをめくり、表革の床面にブラシで水を入れます。これにより成型性が良くなります

POINT

03 月型芯は水にしっかり浸けて、型になじみやすくするために柔らかくしておきます

04 水を含んで柔らかくなった月型芯の床面に、ラックボンドをしっかり塗ります

05 月型芯が貼られるかかと部分の表革床面にも、ラックボンドを塗ります

06 センターの位置を合わせて、月型芯を表革の床面に貼ります

07 表革に月型芯を貼ったら、ライニングとの合わせ面になる側にもラックボンドを塗ります

08 ライニングがシワにならないように、伸ばしながら月型芯と貼り合わせます

吊り込み作業

◆ つま先の吊り込み1

01 吊り込みは膝の上で作業します。木型は中底が取り付けられたままの状態で用意します

02 木型にアッパーを被せます

03 かかとの縫い目を、木型のトップに付けたセンターラインに合わせます

04 木型を裏返し、底側から作業をしていきます

05 つま先から吊り込みを始めます。まずワニでライニングだけを引きます

POINT
06 ライニングを一度引いてから表革と一緒に引くことで、より木型に密着した吊り込みができます

07 できるだけ力いっぱい引いたところで、釘を打ち込んで固定します

08 釘は溝を彫っていない部分に打ち込みます。ここを基準にして横方向2点も吊り込みます

09 つま先と同様に、まずライニングだけをしっかりと引っ張ります

10 ライニングと表革を一緒に引きます

11 力いっぱい引きながら、釘を打って留めます

オックスフォードを仕立てる

12 反対側も同様に引き、釘を打って留めます

13 3点を留めた状態でつま先部分が木型にぴったりと沿い、キャップのラインが曲がっていないことを確認します

◆ かかとの吊り込み2

01 かかとの吊り込みをしていきます。まずライニングを引いていきます

02 履き口が笑わないように（緩く仕上がること）、ライニングをしっかり引きます

03 ライニングを引いたことで、全体的にかかとの吊りこみ代が出てきます

04 かかとの後ろ側で表革とライニングを強く引きます

05 かかとのトップラインが、木型に打ち込んである目印の釘の位置に来るまで引きます

POINT

06 トップラインの位置が釘と合ったら、かかと部分の吊りこみ代を釘で打って留めます

07 ドッグテイルの下側の部分に細い釘を打ち込み、かかとの位置を固定します

08 ここでも表革を引く前に、ライニングをしっかり引きます

吊り込み作業

09 表革とライニングを一緒に引っ張り、左右2点を留めます

10 かかとの部分が3点で吊り込まれた状態です。しっかりと木型に沿って形ができていることを確認します

◆ 側面の吊り込み1

01 つま先とかかとを決めたら、その間の側面を吊り込んでいきます

02 つま先やかかと同様に、最初にライニング、次に表革とライニングを引いて釘で留めていきます

03 内踏まずの部分はかなり引くことになるので、釘を打つ位置に注意しましょう

04 側面は片側4点程度で、均等に吊り込んでおきます

05 側面の10点吊り込みを行なった状態です

◆ かかとの吊り込み2

01 かかと部分を留めている3点の釘の間を、さらに細かく吊り込んでいきます

02 最初に打ってあった釘と、釘の中間辺りに次の釘を打って留めます

03 吊り込んだ部分の中間辺りを吊り込んでは釘で留め、間隔を狭くしていきます

04 2点の間にさらに3点の吊り込みをして、このような状態にします

オックスフォードを仕立てる

05 反対側も同様に、3点の吊り込みを行ないます

06 釘はできるだけ均等な間隔で打っていきます

07 かかとを9点で吊り込んだ状態です。木型への密着度が上がり、しっかりと形ができてきます

08 さらに釘と釘の間を吊り込んでいきます

09 必要があれば先に吊り込んであった部分の釘を抜き、吊り込む箇所を増やします

10 釘と釘の間隔が頭の部分で1〜2mm程度まで近づく程度まで、吊り込む場所の位置を近付けます

11 同様にして、かかと周り全てをできるだけ細かく吊り込みます

12 かかとのエッジの部分を叩いて、エッジの形をしっかり出します

13 かかとの周りのアッパーも叩いて、木型に密着させて形を出します

14 かかと部分の吊り込みが終わった状態です

◆ 側面の吊り込み2

01 かかと方向から側辺の釘と釘の間を吊り込んでいきます

吊り込み作業

02 側辺はかかと程細かく吊り込む必要はありません

03 打った釘の間隔が、10～15mm程度になるまで吊り込みましょう

04 ここでもしっかりエッジの形を出すために、ポンポンで叩きます

05 側面部分の吊り込みが終了した状態です

◆ つま先の吊り込み2

01 つま先部分に先に3本打ってあった釘を抜きます

02 吊り込みを解いたら、表革をめくってライニングだけにします

03 ライニングの吊りこみ代に、スリーダインを塗ります

04 中底の吊りこみ代が当たる部分にもスリーダインを塗ります

05 ライニングをつま先側から吊り込んでいきます

06 つま先を釘で留めたら、横方向を吊り込みます

07 横方向もしっかり吊り込んだら、釘で留めます

08 ライニングを3点留めしたら、その間を吊り込みと同じ要領で引き、菊寄せの要領で中底に貼ります

オックスフォードを仕立てる

用語解説
●スリーダイン：ゴムのりよりも強力な、合成ゴム系の接着剤

09 なるべく細かくシワを作って貼ることで、つま先部分の形がきれいに出ます

POINT
10 つま先部分はこのような状態でとめます

11 しっかりとライニングのつま先部分の形が出ていることを確認しましょう

12 溝にかかっている部分のライニングを、裁断していきます

13 できるだけ段差部分ギリギリでライニングを裁断します

14 ライニングのつま先はスリーダインで貼ってあるだけなので、剥がれないように注意しながら裁断します

15 引っ張って寄せたライニングのシワを、革包丁で漉いて平らにします

16 つま先部分の裏側は、このように仕上げます

先芯の貼り付け

01 先芯を水に浸けて、柔らかくします

吊り込み作業

02 濡らした先芯のギン面に、ラックボンドを塗ります

03 4〜5mmが底側に出る位置で、つま先部分に先芯を貼ります

04 つま先の部分を包むようにして、先芯をライニングに密着させます

05 横方向にも引っ張って、芯を伸ばすようにして密着させます

06 表側から確認し、先芯に浮いている部分が無いことを確認します

07 つま先部分はできるだけ細かいシワにして、収めていきます

08 シワを叩いて潰し、できるだけ平らな状態にします

09 ライニングのつま先部分に、先芯を貼った状態です

10 数分置いてしっかり定着させます

◆ つま先の吊り込み3

01 先芯にブラシで軽く水を含ませます

02 水を含ませた先芯の表面に、ラックボンドを塗ります

03 めくってあった表革を、戻してつま先に被せます

オックスフォードを仕立てる

04 表革を元通りに被せたら、まずつま先側から吊り込んで3点留めしていきます

05 既にライニングは固定されているので、表革のみを引いて釘を打って留めます

06 この時点では、バンプ部は木型に密着せず、ピンと張った状態です

07 横方向の2点を吊り込んでいきます。ここも既にライニングが固定されているので、表革を引きます

08 左右2点を吊り込んで、それぞれ釘を打って留めます

09 3点を留めたら、釘と釘の中間点あたりを吊り込んでいきます

10 釘を打って留め、吊り込みの間隔を狭くしていきます

11 つま先部分は表側の状態を確認しながら、シワが無くなる方向に革を引いて吊り込みます

12 9点程度まで吊り込みます

13 裏側から底面全体を見た状態です

14 つま先部分の余分な吊り込み代を、釘から5mm程の位置まで裁断します

15 余分な吊り込み代を裁断したら、9点の釘の間をさらに細かく吊り込んでいきます

101

吊り込み作業

16 細かく吊り込んでいく上で、釘の位置が合わなくなってきたら、抜いて位置を調整します

17 釘の位置を打ち替えて、釘の頭と頭の間隔が2〜3mm程度になるまで細かく吊り込んでいきます

18 釘を打ち終わったら、エッジの部分を叩いて形を出します

19 つま先側からも叩き、トゥキャップ部分の形を整えていきます

20 吊り込んだ部分の横方向からも叩いて、木型の形をしっかり出しましょう

21 トゥキャップ部分は19ヵ所で吊り込みました

22 トゥキャップはこれで完全に形が決まります。

側面の吊り込み3

01 バンプ付近を再度吊り込んでいきます。ここはライニングが固定されていません

02 ライニングを一度引いた後で、表革と一緒に引いて吊り込みます

03 甲の部分のシワを伸ばすように、表革の引く方向や力加減を調整します

04 バンプ付近は、甲の形を出すために強く引く必要があるので細かく吊り込んでいきます

オックスフォードを仕立てる

05　1cm程の間隔で吊り込んでいきます

06　トゥキャップの継ぎ目付近も丁寧に吊り込みます

07　引いた位置がずれないように、しっかり押さえながら釘を打って固定します

08　残りの側辺をしっかり吊り込んで、吊り込み作業を終了させます

09　底面のエッジをポンポンで叩き、エッジの形をしっかり出します

10　アッパー全体を叩き、形を整えます。傷を付けないように、先端を磨いたポンポンを使用しましょう

11　吊り込み作業が完了した状態です。アッパーは完全に靴の形に成形されています

靴作りに使う主な道具②

切るための道具

靴の製作に使用する様々な素材は、その素材に適した道具を使って裁断する必要があります。刃物は常に一番良く切れる状態を保つようにメンテナンスすることが重要です。

カッター
型紙を製作する際に、素材となるケント紙を裁断するのに使用します

革包丁
革を裁断や漉き、コバを切り回しする際に使用します。作業内容に合わせて、刃幅の違う物を使い分けます

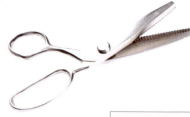

ピンキングバサミ
切り口がギザギザになる、飾り切り用のハサミです。本書ではオックスフォードのトゥキャップの裁断に使用しています

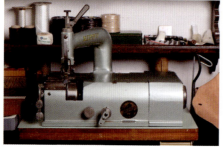

漉き機
革の表面を漉いて、厚みを調整するための機械です。部品が重なる部分の厚みを落とします

市切り
トップライン（履き口）からはみ出したライニングを、トップラインに合わせて裁断するための道具です

糸切りバサミ
糸をカットする際に使用するハサミです

面取り包丁
コバのエッジを面取り際に使用する、先端部分に幅の狭い刃が付いた包丁です

ニッパー
固い物をカットすることができる、先端に刃が付いたペンチ状の道具。本書では中底に突き出した木の釘の頭をカットするのに使用します

オックスフォードを仕立てる

すくい縫い

中底、アッパー、ウェルトという3つの部品を、同時に縫い合わせていきます。この製法はハンドソーンウェルテッドとして知られ、手縫いでなければできない縫い方です。先端の曲がったすくい針と、布団針を加工した金針を使用し、チャンを擦り込んで補強した糸で縫っていきます。

オックスフォードを仕立てる

すくい縫い

　すくい縫いは、吊り込んだアッパーと中底、そして本底を取り付けるためのベースとなるウェルトを同時に縫い合わせる作業です。基準となる線や点は先に印しておきますが、すくい針と呼ばれる道具を使って行なう縫い穴をあける作業にはある程度の慣れが必要です。縫製に使用する糸は9本撚りの麻糸で、「チャン」と呼ばれる松ヤニと油を練った物を摺りこんで使用します。また、針は布団針を曲げ加工した物を使用するなど、かなり特殊な道具や手法が使われます。すくい縫いを行なうと、靴の基本形が出来上がると言って良いでしょう。

❖ 吊りこみ代の裁断

01 アッパーの吊り込み代を、中底の溝の部分まで裁断します

02 釘があるので、上手く刃の角度を調整して、正確に裁断しましょう

03 ライニングの吊り込み代も、溝の部分で裁断します

04 吊り込み代を裁断したことで、溝を掘った部分が完全に見えるようになっています

❖ 印を付ける

01 溝から14mm程度（アッパーの革の厚みで前後）の幅で、ヒールゲージの線までアッパーに線を引きます

POINT
02 01で引いた線は、エッジから4mm程度の距離に引かれているはずなので確認します

03 内踏まずの部分も溝から14mmの幅で引いておきます

04 ヒールゲージのラインを、アッパーの底面に写しておきます

オックスフォードを仕立てる

05 アッパーの吊り込んである底面部分に、すくい縫いのための基準線を引いた状態です

06 基準線の上に、8mmの間隔で印を付けていきます。初心者は9〜10mm間隔がお勧め

07 縫い目の部分に印がかからないように調整します

08 8mm間隔で基準線の内側に印を付けた状態です。この印がすくい針を出す位置になります

09 釘が出ていると作業のじゃまになるので、内側に折っておきます

すくい縫い

10 釘を折った状態です。ここの状態からすくい縫いを始めます

◆ 針の加工

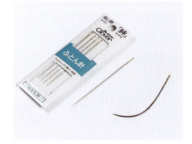

01 すくい縫いに使用するのは、曲げ加工をした布団針です

02 針の先端を1〜2mm程カットします。尖りすぎていると革に刺さってしまい、縫いにくいためです

03 カットした針の先端の角を、紙ヤスリで削ってバリを取ります

04 針をワニなどのペンチ状の道具の柄の部分に挟みます

POINT
05 ライターの火で炙ながら、少しずつ柄を閉じて針を曲げていきます

06 針が思い通りの形状になったら、水に浸けて急冷します。この加工した針を、金針と呼びます

◆ 糸の撚り直し

01 2ひろ半(1ひろは腕を左右に広げた長さです)取った糸の先端部分から15cmの位置を取ります

02 糸の先端から15cmの所まで糸の撚りを解き、9本に分けます

03 9本に分けた糸を手のひらを使って膝の上で転がし、先端を削ぎます

オックスフォードを仕立てる

用語解説
●チャン：補強のために糸に擦り込まれる物。松ヤニを主成分としています

04 9本の糸の全ての先端を、同様にして削ぎます

05 先端をそいだ糸を、4本と5本に分けます

06 糸の先端に水を含ませて、4本と5本それぞれで撚り合わせます

07 4本撚りの糸と5本撚りの糸になった状態です

08 4本撚りの糸と5本撚りの糸の先端の位置を合わせます

09 4本撚りと5本撚りの糸を撚り合わせて、1本の糸にします

◆ チャンの製作と擦り込み

10 糸の先端が細く尖った形状になります。反対側の端も、同様の加工をします

01 糸を補強するために擦り込む、チャンを作ります。チャンの材料となるのは松ヤニです

02 松ヤニを鍋に入れて熱し、熔かしていきます

03 熔けた松ヤニに、ごま油を少し加えます

04 松ヤニとごま油がしっかり混ざるように、熱しながら練ります

05 バケツに水を張って、かき回して渦を起こしておきます

すくい縫い

06 バケツに張った水の中に、松ヤニとごま油を練った物を投入します

07 水に入れられた松ヤニとごま油を練った物は、急冷されて硬化してチャンになります

08 ある程度硬化した状態で、水の中で練っていきます

09 チャンの固さは、ゆっくり引けばどこまででも伸びる感じです

10 また、早く引っ張ればすぐに切れるというのが理想の固さです

11 出来上がったチャンは、革の床面に貼り付けておきます

12 糸にチャンを刷り込みます。長い糸に擦り込むので、広い場所で作業します。糸を柱などに固定します

13 革の床面に貼り付けたチャンを糸に当たるようにセットし、糸に擦り込みます

14 その後糸を布で包むようにしてしごき、余分なチャンを取りつつ摩擦熱で糸にチャンを擦り込みます

15 しっかり糸にチャンを擦り込んだら、ロウをその上から擦り込みます

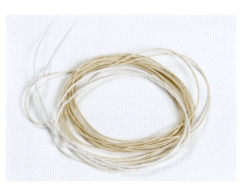

16 チャンを擦り込んだ糸です。糸は茶色く色が付きます

オックスフォードを仕立てる

◆ ウェルトの加工

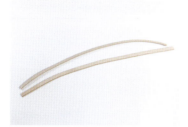
01 ウェルトは靴材料店で手に入れることができます

02 ウェルトとして販売されている物は、床面側に溝が切られています

03 ウェルトのギン面側を、黒の早染めインキで染めます

04 ウェルトの床面側の端を、5mm程斜めにカットします

05 ウェルトの端がカットされた状態です。カットするのは片側のみです

06 ウェルトを水に浸けて、柔らかくしておきます

◆ 糸に針を取り付ける

01 糸の先端部分にチャンを擦り込みます

02 糸の細い所に、目打ちで穴をあけます

03 その穴に、先程作った金針を先端から通します

POINT
金針の針穴近くまで通したら、針穴の近くまで押し下げます
04

05 針穴に押し下げてきた糸の先端を通します

用語解説

● ウェルト：アッパーと本底を縫い合わせるための、帯状の革です

111

すくい縫い

06 糸の先端を引っ張ると糸が針に結ばれた状態になります

07 長い方の糸を引いて、引き締めます

08 2本の糸を撚り合わせます

09 糸のより合わせた部分に、ロウを擦り込んでおきます

◆ すくい縫い

01 つま先を手前にして膝の上に靴を置き、かかと部分をわげさ（革のバンド）で留めます

02 すくい縫いをする部分は釘を抜く必要があります。折ってある釘を起こします

03 釘を抜きます。釘は縫い進めるごとに、1本ずつ抜いていくことになります

04 すくい縫いをする部分に、ブラシで水を含ませます

05 すくい針は、先端を砕いた蜜ロウの中に入れながら使用します

POINT
06 印を目安に中底の溝に横方向からすくい針を刺し、印の位置にウェルトを当てて穴をあけます

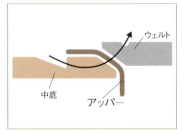
すくい針はこのように通り、中底、アッパー、ウェルトを貫通した縫い穴があきます

07 すくい針があけた穴に、すくい針の反対側から金針を取り付けた糸を通します

オックスフォードを仕立てる

08 すくい針を抜き、金針を通します

09 そのまま糸を引き、糸の長さの半部の所まで通します

10 最初の穴の位置を糸の中心にして、糸が内と外に半分ずつ出るようにします

11 次の縫い穴をあける際にじゃまになる釘を抜きます

12 すくい針を溝の横側から刺し、2つ目の縫い穴をあけます

13 外側（ウェルト）から金針を縫い穴に通します

14 内側から糸の反対端に付いている金針を通します

15 内側からも同じ穴に金針を通して、両側の糸を引くと、このように糸が通って縫い合わされます

POINT
16 強く糸を引くために、すくい針の柄に糸を巻き付けます

17 両側から糸を強く引いて、しっかり縫い合わせます

18 糸が長く作業のじゃまになるので、口にくわえるなどして、避けながら作業します

19 3番目の穴をあけた所です。同様に内外から糸を通して、縫い合わせます

すくい縫い

20 作業を繰り返して、反対側のヒールゲージのラインまですくい縫いをしていきます

21 つま先の部分はカーブがきついので、ウェルトを曲げながら縫っていきます

22 反対側のヒールゲージのラインにあけた最後の縫い穴には、外側からの糸だけを通します

23 外側から通した糸を、しっかりと引っ張ります

POINT
24 最後の一つ手前の穴に外側から通っている糸と、最後の穴に通した糸を固結びします

25 糸をしっかり結んだら、余分な糸をカットします

26 ウェルトの余っている部分を、最初の部分と同様に30°程度の角度で斜めにカットします

27 左右のウェルトの位置が揃っていることを確認します

かかとのからげ縫い

01 かかと部分を縫う糸は、25でカットした糸を使いますが、片側には結び目を作ります

02 すくい縫い同様、中底にブラシで水を含ませます

03 エッジから5mm以上内側の位置にすくい針を刺して、中底まで縫い穴をあけます

04 糸を内側から通していきます

オックスフォードを仕立てる

05 糸は結び目が中底に当たって留まる所まで引きます

06 8mm間隔をあけて次の縫い穴をあけ、外側から針を通します

07 06であけた縫い穴に糸を通し、しっかり引き締めます

08 じゃまになる釘を抜き、3番目の縫い穴をあけます

09 08であけた縫い穴に、07で内側に向けて通した糸を外側から通します

10 09の状態で糸を引くと、このように糸がかかります。この作業を繰り返して、かかと部分を縫います

11 かかと部分を終点の穴（ウェルトの切れ目の部分にあく穴）まで縫った状態です

12 針をひとつ前の縫い目の糸の間に刺し、糸を通します

13 ひとつ前の糸の間に通して輪になった部分に、針を通します

14 13の状態で糸を引いていきます

15 糸を引き切ると、結び目ができて糸が留まります

16 かかと部分のからげ縫いが終了した状態です

すくい縫い

◆ 底面の処理

01 ドッグテイルの下に打ってあった、かかとの位置を固定する釘を抜きます

02 ウェルトの内側に出ている表革の吊り込み代をカットします

03 ヒールゲージのラインからカットし始めて、反対側のヒールゲージのラインまでカットします

POINT
04 つま先のライニングのシワも、丁寧にカットしておきます

05 ライニングの吊り込み代も、ウェルトのラインでカットします

06 中底に切れ目を入れないように、刃を小さく使ってライニングだけをカットしていきます

07 底面の処理が終了した状態です

08 次は本底を付ける作業なので、中底を木型に固定している3本の釘をここで抜いておきます

09 ウェルトから中底の溝あたりまでを、しっかり濡らします

10 濡らした部分をポンポンで叩いて、平面を出していきます

116

オックスフォードを仕立てる

11 かかと周りもポンポンで叩いて、しっかりエッジを出します

12 中底の底面だけでも叩き、表面を平らに整えます

13 ウェルトは表側からコクリ棒で押さえて、形を整えます

用語解説

●コクリ棒‥靴製作において押したり、均したりする作業に使用する木製の棒

14 すくい縫いとからげ縫いが終わると、アッパーと中底が一体になります

靴作りに使う主な道具③

叩いたり押し引きに使用する道具

靴を作る際には接着した部分を叩いて圧着したり、形を整える際に叩いたりします。また、吊り込みなど強い力で引っ張る作業も多く、ワニなどの専用の工具が使われます。

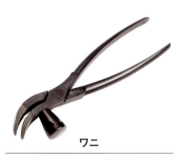

ワニ

吊り込み作業に使用する道具です。先端の口で革を挟んで吊り込み、ハンマー部分は吊り込みの際のテコの支点になります

ポンポン

靴業界では金槌をこの名で呼びます。右が製甲用で、左が底付け用です。アッパーのギン面を叩くアッパー用は、傷が付かないように叩く面を鏡面に磨いた状態で使用します

コクリ棒

コバの開きを押さえたり、広い面を均すなど幅広く使用する道具です

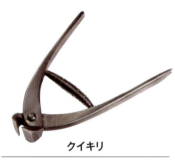

クイキリ

仮留めしたり吊り込んだりした部分の釘を抜く際に使用します

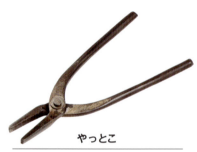

やっとこ

コバなど、貼り合わせた部分の圧着するなど、広い用途で使用します

わげさ

膝の上で作業を行なう際に、靴を固定するための革製のバンドです

馬

かかと部分を縫い割りする際に、型出しをするための台です。馬にセットしたかかとを、ポンポンで叩いて縫い割りをします

穴ボコ

木型に沿わせて付けた中底の丸みなどを、さらに強調したいときなどに下に敷く穴のあいた打ち台です

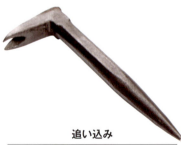

追い込み

かかとに打ち込んだ釘の頭に当てて、完全に革に食い込ませるための道具です

オックスフォードを仕立てる

底付け

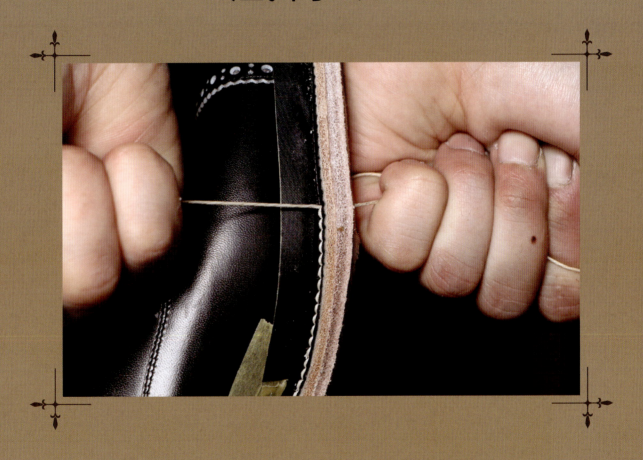

すくい縫いで本体と縫い合わせたウェルトと本底を、出し縫いという方法で縫い合わせます。このオックスフォードはかかとの部分にウェルトが無いシングルウェルト方式で仕立てているため、かかとまわりは木の釘を打って本体に固定します。本底が付くと、靴の基本形ができ上がります。

オックスフォードを仕立てる

本底の取り付け

　いよいよ本底を取り付けていきます。本底には4〜6mm厚という、かなり厚めのヌメ革を使用します。このオックスフォードの本底用に使用している革は、5mm厚のベンズです。中底と本底の間にはそのままでは空間ができてしまうので、コルクを使って中底の底面を埋めてから本底を取り付けます。

　本底はアッパー、中底と同時に縫い合わせたウェルトと縫い合わされますが、この縫い合わせは「出し縫い」と呼ばれ、専用の針を表裏から糸を交差させて縫い合わせていきます。

◆ 溝を埋める

01　10mm幅の革テープを用意し、床面を半分斜め漉きします

02　斜め漉きした革テープの床面に、スリーダインを塗ります

03　すくい縫いのために彫った、中底の溝部分にもスリーダインを塗ります

04　中底の溝に革テープを貼り、溝を埋めていきます

05　内踏まずのカーブの部分はシワが出るので、目打ちでシワを潰してなるべく平らにします

06　つま先の部分まで革テープを貼ったら、はみ出す部分をカットします

07　反対側のテープは、つま先部分から貼っていきます

08　かかと側に残ったテープをカットして、長さを揃えます

09　テープをポンポンで叩き、圧着します

◆ ウェルトの幅調整

01 6mmの幅を残して、ウェルトを裁断します。この作業は切り回しと呼ばれます

02 アッパーに傷を付けないように、包丁の使い方に注意が必要です。切り過ぎにも注意しましょう

03 つま先部分は細く刻んで調整していきます

POINT
04 切り回しを終えた状態です。ウェルトの張り出しが均等な方が、縫いやすくなります

◆ 本底の型紙製作

01 中底に引いたジャンクションポイントと、その下に平行に引いた線をウェルト上に引き直しておきます

02 ヒールゲージのラインも、ウェルト上に引き直しておきます

03 かかとのエッジ部分のギンを、大やすりで削って落とします

04 印を付け直して、かかとのエッジのギンを落とした状態です。この状態で型取りをしていきます

05 底全面にトランシート等の、型取り用透明シートを貼ります

06 ウェルトに写した線をなぞって、シートに写します

07 ウェルトのエッジを、スタビロ鉛筆でなぞってシートに写します

本底の取り付け

08 かかとの部分もしっかりシートを貼り、エッジの形を写します

09 ジョイントポイントのライン、その下のライン、ヒールラインの端をマジックでなぞっておきます

10 写し忘れがないことを確認したら、シートを底面から剥がします

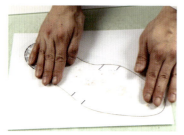

11 剥がしたシートを、ケント紙に貼ります。シワにならないように注意しましょう

12 かかとのラインは＋5〜8mm程度大きくします

13 アウトラインをカットします

14 アウトラインをカットしたら、本底の型紙は完成です

◆ シャンクの取り付け

01 シャンクは金属製のプレートで、靴底の背骨と言える役割を果たす部品です

02 シャンクは、ジョインポイントの線に平行に引いた線よりも、先が後ろに来るように取り付けます

03 線を超えないように取り付け、取り付け位置を決めたらシャンクの裏側にスリーダインを塗ります

04 シャンクの取り付け位置にもスリーダインを塗ります

オックスフォードを仕立てる

中底を埋める

05 シャンクを中底に貼り付けます

06 取り付けたシャンクをポンポンで叩き、ツメを中底に食い込ませます

01 このオックスフォードは、コルクで中底を埋めます。細かめのコルクを器に取ります

02 器にとったコルクに、ラックボンドを混ぜます

03 ラックボンドとコルクを、しっかり練り合わせます

04 中底の底面にラックボンドと練り合わせたコルクを、押し付けるように塗っていきます

05 中底の底面に、押し込むようにしながらコルクを塗り広げます

06 かかとの部分も少し盛り上がる程度までコルクを塗ります

07 コルクを中底の窪んでいる部分全てに塗ったら、ボンドが固まるのを待ちます

08 コルクはこのように、少し盛り上がる程度がちょうど良い量です

09 コルクのボンドが乾いたら、ヤスリで削って表面をなめらかな形に整えます

10 松ヤニとごま油を熱し、鳴き止め用にコルクに塗るチャンを作ります。油を多めにして緩めに作ります

◆ 本底の加工

01 本底には4〜6mm程度のベンズを使用します。ギン面に型紙のアウトラインをけがきます

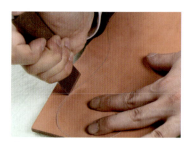

02 01でけがいた線の1〜2mm外側で、本底を裁断します

03 本底を裁断した状態です

POINT
04 型紙のラインのポイントが裏側からでも分かるように、目打ちで穴をあてておきます

05 切り出した本底に型紙を合わせて、各ポイントに印を付けます

06 床面に3本のラインを引きます。さらに、ヒールゲージの5mm下側（かかと側）にもう1本ラインを引きます

07 前から2番目のラインとヒールゲージのラインの間（ウエスト部）に、側面から25mm幅でラインを引きます

POINT
08 コバにギン面から3mmで漉きの目安になるラインを引きます

09 必要なラインを引いたら、本底の漉き加工を行ないます

10 ヒールゲージの後方のラインから斜めに切り込みを入れ、その後ウエスト部を25mm幅で斜めに漉きます

11 前後とコバの方向に向かって、斜めに漉きを入れていきます

オックスフォードを仕立てる

用語解説
●ベンズ：背中周りの部位で、繊維密度が高く革厚も厚い革

12 ヒールゲージラインの部分は、斜めに漉いたウェルトの断面と合う形に漉いておきます

13 漉いた部分を水で濡らします

14 割ったガラス片で削り、漉いた部分の表面を滑らかに加工します

◆ 本底の接着

01 zzzz ジョイントポイントのラインから前の部分の周囲に、15mm幅のラインを引きます

02 01で引いた線から外を、木やすりで荒らします

03 ジョイントラインから後ろは、全面を木やすりで荒らします

04 ウェルトの床面も、木やすりで荒らします

05 本底の荒らした部分と中底を照らしあわせて、接着剤を塗る位置を確認します

06 本底のギン面を、水で濡らします

07 穴ボコの上にかかと部分を置き、床面側からポンポンで打って少し丸みを付けます

08 荒らしていないエリアも、ポンポンで打って丸みを付けます

09 本底床面の荒らしておいた部分に、スリーダインを薄く2回塗ります

125

本底の取り付け

10 本体側の底面にもスリーダインを塗ります

11 本底のギン面は、貼り合わせる前にもう一度水で濡らしておきます

12 つま先側から位置を合わせて、本体と本底を貼り合わせます

13 本底と本体間に空気が入らないように、中心部分を先に貼り合わせます

14 ウェルトの切れ目と、本底の漉いた部分の位置を合わせて貼り合わせます

15 ウェルトの位置を合わせたら、残りの底全面を貼り合わせます

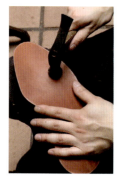
16 本体と本底の間の空気を抜くイメージで、底面全体をポンポンで叩きます

17 ウェルトを表側からコクリ棒で押さえて、圧着します

18 コクリ棒で底面を擦って、ポンポンの打ち跡を消します

◆ コバ加工

01 ウェルトからはみ出している本底を、切り回して高さを揃えます

02 本底は厚みがあるので、力を入れ過ぎないようにし、よく研いだ革包丁を使いましょう

03 大やすりでエッジを軽く落とします

オックスフォードを仕立てる

◆ ドブ起こし

01 ウェルトの始まる部分の10mm後ろから、周囲に沿って10mm幅のラインを引きます

02 ラインまでの底面を水で濡らし、ラインを引いた部分にコバ側から1mmの深さで線の部分まで切れ目を入れます

03 刃が深く入り過ぎないように、一定の間隔で切れ目を入れていきます

04 反対側のラインの終わり（ウェルトの終わりの10mm先）まで切れ目を入れます

05 切れ目を入れた部分を、起こしていきます

06 起こした部分を、しっかり水で濡らします

07 切れ目にコクリ棒の先端を差し込み、しっかり起こします

08 起こした部分のコバから5mmの位置に、ステッチンググルーバーで1.5mmの溝を彫ります

09 ドブ起こしの作業が完了した状態です

◆ ウェルトにウィールの跡を付ける

01 マスキングテープを用意し、布に一度貼って粘着力を弱めます

02 粘着力を弱めたマスキングテープを、アッパーのウェルトの上の部分に貼ります

03 マスキングテープの上から、ナイロンテープ（補強テープ）を貼ります。これはアッパーの傷防止用です

用語解説
● ウィール：先端部分に回転するローラーが付いた、コテの一種。ローラーの表面には、細かい山型が刻まれています

本底の取り付け

04 ウィールを用意して、アルコールランプ等で熱します

05 ウェルトをしっかり水で濡らします

06 熱したウィールをウェルトに当て、跡を付けます。内踏まずはウィールが入らないので跡を付けません

07 ウェルトにウィールの跡が付いた状態です

08 ウェルト上の本体の際から2mm程度の位置に、銀ペンで縫い線を引きます

09 縫い線はこのようにウェルトの上に引きます

10 外側はウェルトの終わり部分まで銀ペンで線を引きます

11 内踏まず付近は、ウィールがギリギリ入る所まで線を引きます

◆ 出し縫い

01 出し縫い用の針は、通常の針とは異なり柔軟性があります。イノシシのひげの毛針を使うこともあります

02 糸は6本撚りの麻糸を使います。チャン引き、先端の加工、針の取り付けはすくい縫いの際と同様です

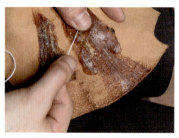

03 長さは2広半程度用意し、チャンを刷り込みます

POINT

04 縫い線に合わせてだし針で縫い穴をあけます。穴の位置はウィール跡の窪みです

オックスフォードを仕立てる

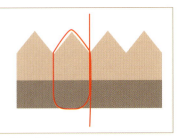

05 上下から針を入れて、本底とウェルトを縫い合わせます

06 ひと目ずつしっかりと糸を引き締めて、ウィールの跡の山部分に糸を沿わせます

07 最後の穴にはウェルト側からだけ糸を通してます

08 底側に出ている、最後の穴とそのひと目前の穴に通した糸を一回だけ結びます

09 しっかり結び目を作ったら、余分な糸をカットします

10 出し縫いが終了した状態です

ドブ起こしした部分を戻す

01 縫い穴をあける際に力がかかって変形しているので、ポンポンで叩いて形を整えます

02 ドブ起こしした部分に木やすりをかけて、表面を荒らします

03 めくった部分にも荒目の紙やすりをかけて、戻す準備をします

本底の取り付け

04 ドブ起こしをした部分に、スリーダインを丁寧に塗ります

05 底面全体を水で濡らします

06 ドブ起こししていた部分を、ポンポンで押さえて元に戻していきます

07 シワが寄ったり革が伸びたりしないように、少しずつ戻していくようにしましょう

08 起こしていた部分が全て戻ったら、外側に向かって叩いて、シワを伸ばします

09 最後にコクリ棒で全面を擦って、表面を平らに均します

10 ドブ起こししていた部分を全て戻したことで、底面が平らな状態に戻ります

◆ コバを揃える

01 ウェルトの幅を決めます。今回は糸から2mm外側の部分でウェルトを裁断します

02 裁断は目見当で行なうことになるので、少しずつ丁寧に作業していくことが必要です

03 かかと部分は、下すぼみに斜めに落としていくのがポイントです。際から2〜3mm外で裁断します

オックスフォードを仕立てる

04 ウェルトを裁断したら全体を見て、ウェルトの出具合が雰囲気に合っていることを確認しましょう

05 ウェルトの出っ張りは少ないほうが、オックスフォードシューズに合ったフォーマル感が強く出ます

06 内踏まずの部分はカーブに合わせて内側に追い込みます

07 かかと部分が少し斜めに落としてあるのは、かかとが付いた時のことを考慮しているためです

これで本底は完全に取り付けられたことになります

08

131

靴作りに使う主な道具④

接着剤等

3種類の接着剤は、場所と用途によって使い分けます。ナイロンテープは補強のために貼られるもので裏にノリが付いていますが、接着剤を縫った上に貼っても使用します。

スリーダイン
底付け作業から使用する、強力な合成ゴム系の接着剤です。貼り合わせる両面に塗り、乾いた状態で貼り合わせます

ゴムのり
縫製時の仮留めに使用する、ゴム系の接着剤です。貼り合わせる両面に塗り、乾いた状態で貼り合わせます

ラックボンド
芯の貼り付けや、コルクと混ぜて中物を作るのに使用する水溶性の接着剤です。片面に塗るだけでも接着できます

ナイロンテープ
革の伸び止めや、補強のために使用するテープです。トップラインや、かかとの縫い割り部分に使用します

縫うための道具

ミシンは製甲の工程だけで使用し、後は手縫いが基本となります。手縫いに使う糸は撚り直した上で、チャンを擦り込んで使用します。

ミシン
製甲の際に使用します。立体的な部品を縫い合わせるので、製靴用の腕ミシンを使用します

布団針
すくい縫いの際にに使用します。そのままではなく、曲げ加工をしてから使用します

糸
すくい縫いの際に使用する9本撚りと、出し縫いに使用する6本撚りの麻糸です

松ヤニ
油と混ぜて、チャンにして糸に擦り込みます。チャンは糸を補強し、糸のほつれや毛羽立ちを抑え防水効果もあります

ワイヤー針
本体と本底を縫い合わせる出し縫いの際に使用する、柔軟性のある金属製の針です。イノシシのひげから作られる毛針もよく使われます

丸針
カン止めをする際に使用する、レザークラフトで一般的に使われる丸針です

スムース糸
カン止めに使用する、ポリエステル製の糸です

オックスフォードを仕立てる

かかと付け

かかとは複数の革の部品を積み上げて作ります。本底の丸みと角度を修正しながら1枚ずつ積み上げていき、1番底に来るトップリフトと呼ばれる部品の底面が、全面接地するようにします。かかとの部品は、スリーダインで貼り付け、木の釘を打って固定するのが基本になります。

かかとを付ける

革を積み上げ、かかとを作っていきます。かかとの製作に使用するのは「積み上げヒール」などと呼ばれるかかと用の革で、これに本底の丸みを修正するためのハチマキと呼ばれるU字型の部品、そしてトップリフトと呼ばれる実際に地面と接することになる部品で構成されます。

かかとの革を積み上げていく過程で、本底のかかと丸みと接地面の修正を行ない、最終的に化粧革の全面が平らな地面に接触するようにします。細かく形や角度を調整していく必要があり、かかとの高さは使用する木型によって異なるため、積み上げ枚数や加工度合いが違ってきます。

◆ 本底のかかと部分を留める

01 本底のかかと部分にヒールゲージを当てて、アゴのライン（前側のライン）を引きます

02 かかとのエッジから12〜13mmの幅でラインを引きます

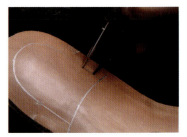

03 02で引いたライン上に、10mm間隔で印を付けていきます

04 ライン上に10mm間隔で印を付けた状態です。この印が釘を打つ位置になります

05 ライン上の印の位置に、ペース打ちで穴をあけます

06 ペース打ちの後端をポンポンで叩き、針の部分を根元まで打ち込みます

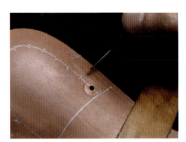

07 打ち込んだペース打ちを抜くと、このように直径2mm程の穴があきます

08 印を付けた場所全てに、ペース打ちで穴をあけます

POINT

09 木の釘を使って、本底と中底を固定します

オックスフォードを仕立てる

10 穴に木の釘の先端を当てて、ポンポンで打ち込みます

11 釘に対してまっすぐに力をかけて、まっすぐ穴に打ち込んでいきます

12 釘を本底の表面まで打ち込みます

13 全ての釘を打ったら、表面を全体的に叩いて整えます

14 かかとのエリア全体を木やすりで削り、表面を荒らします

15 アゴのラインからはみ出さないように注意しましょう

16 ヒールエリアの先の部分20mm程を、#180の紙やすりで荒らします

◆ かかとを構成する部品

01 かかとに使用する部品を用意します。左上の3枚が積み上げヒール、右のU字型の部品がハチマキ、左下がトップリフトです

17 かかと周りは、このような状態に荒らします

用語解説

●ベース打ち：木の釘を打ち込むための下穴をあけるための工具。先端に太めの針が付いており、ポンポンで打ち込んで使用します

かかとを付ける

◆ ハチマキの取り付け

01 ハチマキのギン面を木やすりで削り、ギンを落とします

02 ギン面側を本底に合わせてハチマキをかかとに当て、アゴのラインをけがきます

03 アゴのラインをけがく際は、かかとの後端の位置を合わせておきます

04 アゴのラインに合わせてけがいたラインから先を裁断します

05 ハチマキのギン面側に、スリーダインを塗ります

06 本底のかかとのエリアにも、スリーダインを塗ります

07 ハチマキの床面を、水で濡らします

08 かかとの位置をヒールゲージのラインから少し余裕を持って、ハチマキを本底に貼ります

09 本底にハチマキを貼り合わせたら、ポンポンで叩いて圧着します

10 ハチマキを圧着したら、底面からはみ出している部分を裁断します

11 ハチマキの表面を漉いて、かかと部分の底面をなるべく平らにしていきます

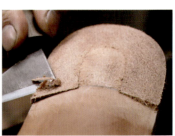

12 ハチマキの断面を見ると、かかとの丸みが吸収されているのが分かります

オックスフォードを仕立てる

13 かかとのエリア全体を木やすりで削って、表面の形を整えます

14 革包丁の柄など当てて、かかと部分の平面具合を確認します

15 ハチマキだけでは修正しきれず、かかと部分の底面はまだ丸みを帯びています

◆ 積み上げヒールの取り付け1

01 残りのかかとの部品を積んだ上に置き、次に積む部品をどう修正するか検討します

02 まだ残っているかかと部分の丸みを吸収するために、積み上げの床面真ん中の部分を丸く漉きます

03 かかとに合わせて、漉き加減を調整します

04 漉いた部分を水で濡らします

05 割ったガラス片で、漉いた部分の表面を削って均します

06 木やすりで表面を全体的に荒らします

07 1枚目の積み上げヒールの加工が終了した状態です

08 本底のかかとエリアに、スリーダインを塗ります

09 積み上げヒールの加工した面にもスリーダインを塗ります

かかとを付ける

10 アゴのラインから1mm弱出して、本体に積み上げヒールを貼ります

11 積み上げヒールを本体に貼り合わせたら、ポンポンで全面を叩いて圧着します

12 底面からはみ出ているコバを裁断します

13 かかとの部分は本底の形状に沿って裁断します

14 積み上げヒールの表面を、木やすりで削って整えます

15 途中で確認しながら、完全に平らになるまで削りましょう

16 13mm幅でかかとエリアの周囲にラインを引きます

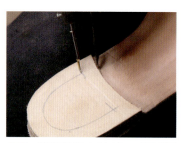
17 アゴのラインからも13mmの位置にラインを引きます

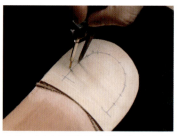
18 かかとの周囲の内側に引いたライン上に、10mm間隔で印を付けます

19 18で付けた印に合わせて、ペース打ちで穴をあけます

20 ペース打ちであけた穴に、木の釘を打ち込みます

21 全体に木やすりをかけ、表面を整えます

積み上げヒールの取り付け2

22 1枚目の積み上げヒールを取りつけた段階で、かかと部分が完全に平面になっていることを確認します

01 残りのかかとの部品を積んだ上に置きます。丸みは取れましたが、角度の修正が必要です

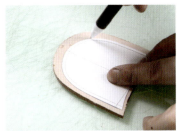

02 次に積む積み上げヒールの床面側にヒールゲージを置き、アゴのラインを合わせて形をけがきます

03 01で確認した角度に合わせて表面を漉きます

04 漉いた部分を水で濡らします

05 割ったガラス片で漉いた部分の表面を削り、均します

06 床面全体に木やすりをかけて、表面を荒らします

07 2枚目の積み上げヒールは、このような状態に加工されます

POINT

08 ここで1度残りのかかとの部品を積んだ上に置き、隙間が無くなっていることを確認します

09 本底のかかとエリアに、スリーダインを塗ります

10 積み上げヒールの表面にも、スリーダインを塗ります

かかとを付ける

11　アゴのラインから1mm弱出して、2枚目の積み上げヒールを貼り合わせます

12　貼り合わせたら、ポンポンで叩いて圧着します

13　底面からはみ出した部分を、底面の形に合わせて裁断します

◆ 積み上げヒールの取り付け3

01　残りのかかとの部品を積んだ上に置き、隙間が無くなっていることを再度確認します

02　本底のかかとエリアと、3枚目の積み上げヒールの表面を、木やすりで削って荒らします

03　貼り合わせる両面にスリーダインを塗ります

04　同様にして、本体と積み上げヒールを貼り合わせます

05　貼り合わせた積み上げヒールをポンポンで叩き、圧着します

06　積み上げヒールのはみ出している部分を、底面の形に合わせて裁断します

07　積み上げたかかとのコバ全てが、スムースになるように裁断して形を整えていきます

POINT

08　トップリフトの上にかかとを置き、全面が接地していることを確認します

オックスフォードを仕立てる

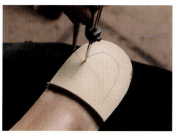

09 かかとの外周から15mm内側にラインを引きます

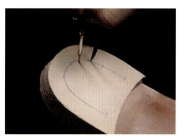

10 09で引いた線の上に、10mm間隔で印を付けます

11 まず後ろの4ヵ所に22mmの鉄釘を打ち込みます。釘は少し内側に向けて打ち込みます

12 22mmの釘が打ち込まれるのはこの4ヵ所です。残りの部分には19mmの釘を打ち込みます

13 全ての釘を打ち込んだら、追い込みで釘の頭を打って釘をかかとに埋め込みます

14 かかとに鉄釘を打ち込んだ状態です。打った釘の先端は、本底まで達しています

◆トップリフトの取り付け

01 トップリフトのゴム面を、木やすりで荒らします

02 かかとエリアにスリーダインを塗ります

03 トップリフトのゴム面には、スリーダインを薄く2度塗りします

04 アゴのラインを揃えて、トップリフトと本底を貼り合わせます

05 貼り合わせたトップリフトを、ポンポンで叩いて本底と圧着します

06 トップリフトのはみ出している部分を裁断します

かかとを付ける

07 トップリフトまでかかとを積み上げた状態です。トップリフトが全面接地していることを確認しましょう

◆ かかとの断面成形

01 積み上げたかかとの断面を裁断し、よりスムーズにしておきます

02 アゴ側面の修正ラインを引きます。ほんの少し斜めのラインを引きます

03 修正ラインからはみ出している部分を裁断していきます

04 ヒールゲージを当てて、アゴ底面のラインも修正します

05 修正したラインに合わせて、アゴの形状を成形していきます

06 側面方向から革包丁を入れて、少しずつ表面を削いでいきます

07 アゴの内側部分を成形する際は、本底に傷を付けないように注意しましょう

オックスフォードを仕立てる

アゴの部分の修正が完了した状態です
08

09 かかとを付けたことで、ほぼ完全な靴の形になりました

靴作りに使う主な道具⑤

削るための道具

やすりは底などの厚みのある革のコバを仕上げるのには欠かせません。ガラス板はやすりで少し切れ目を入れて、淵が弧を描くように割って、表面を薄く削るのに使用します。

大やすり
エッジのバリを落とす際などに使用する、中目の鉄やすりです

木やすり
貼り合わせ面を荒らしたり、コバの形を整える際に使用する、荒目の鉄やすりです

面やすり
先端がカーブし、端に行く程厚みが薄くなっている鉄やすりです。かかとり上部付け根のやすりがけに使う道具です

ガラス板
割り口が弧を描くように割って、割り口部分で革の表面を薄く削るために使用します

ペイガラ
長めの柄の先に、鉄やすりが付いた道具です。木型から外した後の、中底の処理に使います

穴をあける道具

穴をあける場所や目的によって、使用する道具も変わります。すくい縫いの際に使用するすくい針は、カーブした穴をあけるために、先端が曲がっています。

ハトメ抜き
丸穴をあけるための道具です。本書では、レースホールや型紙にスリットをあける際に使用しています

目打ち
小さな丸穴をあける際に使ったり、型紙の製作時に切り口を広げたりする場合にも使われます

すくい針
すくい縫いの縫い穴をあけるための、先端部分が曲がったきり状の道具、針の部分にロウを付けながら穴をあけます

ペース打ち
かかとを留めるための木の釘を打ち込む際に、下穴をあけるのに使用します

オックスフォードを仕立てる

仕上げ

コバや底の仕上げ作業をして、靴を完成させます。コバはコバワックスで仕上げ、底はふのりとソールオイルで仕上げます。アッパーは靴クリームで磨いて仕上げますが、トゥキャップなど切りっぱなしになっている部分にもしっかり靴クリームを入れて仕上げていきます。

オックスフォードを仕立てる

各部の仕上げ

　靴としての形ができあがったら、細部を仕上げて完成させます。コバ部分はまだ革の地色の状態で、まだ表面の処理も荒い状態で残っています。このコバは表面をスムーズに成形し、黒く染めた上でロウを塗って仕上げます。底はヒールを含めて一皮剥き、半カラス加工をした上でふのりで磨き、最後にソールオイルを塗ります。アッパーは栄養クリーム、靴クリームと塗りこんで磨き、トゥとヒールにワックスを塗ったハイシャイン仕上げにします。

　靴としての完成度を上げるために、細部まで丁寧に仕上げ作業をすることが大切です。

◆ 断面とコバの仕上げ1

01　かかと部分の断面を水で濡らします

02　水で濡らした断面を、ポンポンの狭い面で細かく叩きます

03　ポンポンで叩き、かかとの断面を引き締めます

04　かかとの断面を木やすりで削り、形を整えます

05　アゴの部分も木やすりで削り、形を整えます

06　かかと以外の底のコバも木やすりで削り、形を整えます

07　底のコバは、糸からの距離が均等になるように成形します

08　かかとのエッジに斜めに大やすりをかけ、軽く落とします

◆ 化粧釘を打つ

01　トップリフトの革部分のギン面を、割ったガラス片で削ってギンを落とします

オックスフォードを仕立てる

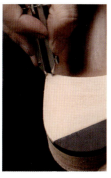
02 かかとのエッジから4〜5mmの位置に印を付けます

03 アゴ側からも同じ距離を取り、印を付けます

04 03で付けた印にヒールゲージのアゴのラインを合わせ、センターの釘の位置に印を付けます

05 印に合わせて目打ちで下穴をあけます

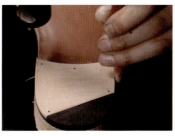
06 今回化粧釘は全部で5本打つので、その分の下穴をあけます

07 15mmの釘を3〜4mm残して打ち込みます

POINT
08 化粧釘の表面に出ている部分を、クイキリでカットします

09 木やすりで釘の断面を削り、平らにします

10 化粧釘を打った状態のかかとです。化粧釘は装飾の意味合いが強いので、自由に打って構いません

◆ コバの仕上げ2

01 かかとの断面を水で濡らします

02 断面を割ったガラス片で削って、表面を整えます

03 底のコバを水で濡らします

各部の仕上げ

04 底のコバを割ったガラス片で削り、表面を整えます

05 アゴの部分の断面を、水で濡らします

06 他のコバと同様に、割ったガラス板で削って表面を整えます

07 断面を割ったガラス片で整えた状態です。表面にガラスの跡がわずかに残っています

08 ガラスで整えた断面に、水を付けずに#180の耐水紙やすりをかけてガラスの跡を消します

09 #180の耐水紙ヤスリをかけた状態です

10 かかと以外のコバにも、#180の耐水紙やすりをかけます

11 紙やすりを1度かけたら、かかとの断面を水で濡らします

12 アゴの部分の断面も、水で濡らしておきます

13 水で濡らしたかかととアゴの部分の断面に、1度使った#180の耐水紙やすりをかけます

14 底のコバを水で濡らします

15 底のコバにも再度#180の耐水紙やすりをかけ、ガラスの跡を完全に消します

オックスフォードを仕立てる

この時点で断面やコバの表面は、かなりスムースになっているはずです

16

17 コバ側から力がかかったため、ウェルト上部が変形しています。糸を潰さないように、コクリ棒で戻します

革包丁をウェルトのエッジに当てて、面取りをします

18

この面取りは極めて繊細な作業なので、落ち着いて丁寧に作業しましょう

19

20 面取りをした状態です。糸までの距離が1mm以下のところで面取りをしているのが分かります

21 底側も反っているので、コクリ棒で押して反りを戻します

22 30°位の角度で底のエッジに大やすりをかけ、面取りをします

23 大やすりで面取りをした後で、#180の耐水紙やすりをかけて面取りした部分を整えます

面取りは、専用の面取り包丁を使っても良いでしょう

24 かかと部分はウェルトが無いため、面取りをする部分の幅が狭くなります。注意して作業しましょう

各部の仕上げ

25 面やすりを使って、かかとのラインを直線的に仕上げます

26 丁寧な作業を重ねることで、コバの表面はよりスムースな状態になります

◆ 底のギンを落とす

01 底面の革部分に、水付けずに#180の耐水紙やすりをかけます

02 本底はギンが付いた状態なので、一皮剥いてギンを取ってしまいます

03 本底のギンを全て取った状態です

◆ コテをかける

01 ウェルトの表面を、水で濡らします

02 元々付けてあった跡に合わせて、再度ウィールをかけます

03 一目ごとに、目付けゴテで押さえていっても良いでしょう

04 見栄えを良くするためにウィールの跡をくっきりとさせ、だし縫い時の針穴を潰して防水効果を高めます

05 コバゴテをコバに当てて、コバの幅にピッタリ合うものを選びます

06 底のコバを水で濡らします

オックスフォードを仕立てる

07 コバゴテをコバに力強く当てて、表面を成形します

08 かかとのコバを水で濡らします

09 ズボラゴテを使って、表面全体に力を加えて成形します

10 かかとの成形には、形状に合わせていちょうゴテも併用します

11 アゴの側面部分を水で濡らします

12 際に沿って縦方向に五厘ゴテをかけ、縁取りのラインを入れます

コテで成形したことで表面はよりスムースになり、コバのエッジの形がしっかり出ました

13

◆ コバ染め

01 黒の早染めインキでかかと部分のコバを染めます。黒は2〜3回重ねて染めます

02 底のコバも染めます。底面を染めない場合は、はみ出さないように注意しましょう

03 糸を黒く染めるために、ウェルトの表面を細い筆を使って染めます

各部の仕上げ

04 コバを黒く染めた状態です。糸を黒く染めたことで、ウェルトから下の部品と本体との一体感が出ます

◆ 半カラス仕上げ

01 底に好みのラインにカットしたマスキングテープを貼ります

02 今回はアゴの部分は染めないので、マスキングテープを貼って保護します

03 マスキングテープを貼っていない土踏まず周りを、黒のコバインキで染めます

04 アゴのエッジ部分は、細い筆を使って染めます

05 前側のマスキングテープとの境付近も筆を使い、なるべくラインに沿って染めます

06 仕上げに使うコテ類を、電熱器で熱しておきます

07 黒のコバワックスを熱して、先端部分を熔かします

08 底面の黒く染めた部分に、熔かしたコバワックスを擦り込みます

オックスフォードを仕立てる

09 底の表面にワックスを擦り込んだら、軽く熱したいちょうゴテを表面に当てて、ワックスを均一にします

10 コバワックスを塗った部分を、艶が出るまでウエスでしっかり磨きます

11 しっかり磨いて艶を出したら、マスキングテープを剥がします

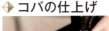

コバの仕上げ

12 このように底の一部分を黒く仕上げるのが「半カラス仕上げ」で、全面を黒く仕上げるのを「カラス仕上げ」と呼びます

01 先端を熱したコバワックスを、かかとの断面に擦り込みます

02 底のコバにも同様に、熔かしたコバワックスを擦り込みます

03 かかとに擦り込んだコバワックスを、熱したいちょうゴテで熔かして均一に塗ります

04 底のコバにも熱したコバゴテを当てて、コバワックスを均等に塗ります

05 コバワックスを塗ったコバを、ウエスで磨いて艶を出します

06 力を入れて磨くことで、摩擦でコバの表面のロウが熔けて表面に艶が出ます

07 底のコバも同様に、ウエスで磨いて艶を出します

各部の仕上げ

08 ロウが底側にはみ出してしまったら、割ったガラス片で表面を軽く削り落とします

09 かかとのエッジ部分にロウを擦り込みます

10 底のエッジにもロウを擦り込みます

11 ロウを擦り込んだエッジに、熱した五厘ゴテを当てて額縁仕上げにします

12 軽く紙やすりをかけて、余分なロウを落とします

13 かかとの上側に熱したシートウィールをかけて、ルレット飾りを入れます

◆ 底の磨き

01 ふのりをお湯で溶きます

02 底面の革がそのまま出ている部分に、ふのりを塗ります

03 ふのりを塗った部分を、ウエスでしっかり擦って艶を出します

04 かかと部分の革がそのまま出ている部分も、ふのりを塗って磨きます

05 アゴの部分にもふのりを塗って、ウエスで磨きます

06 ここまで作業を終えたら、保護のために本体に貼っておいたテープをゆっくり剥がします

オックスフォードを仕立てる

07 靴本体はこれで完成したことになります。

用語解説
● 額縁仕上げ：底面にコテで段を付け、額縁のような見た目に仕上げる方法

◆ 仕上げ作業1

01 レースホールに通してあったひもを切ります

02 ひもを抜く際は、本体に負担がかからないように注意しましょう

03 靴全体をにブラシをかけて、表面の埃を払います

04 レザーソールオイルをウエスに含ませます

05 底のふのりを塗って磨いた部分に、レザーソールオイルを塗ります

06 かかとの底面にもレザーソールオイルを塗ります

各部の仕上げ

07 アッパーにシュプリームクリームデラックスを塗ります

08 ウエスに取ったクリームを、アッパー全体に塗り広げます

09 このクリームは、革に栄養を与え、保湿をするためのものです

10 黒の靴クリームをアッパー全体に塗っていきます

11 トゥキャップの飾り穴の内部や、切り口の部分には、特にしっかりクリームを塗ります

12 しっかり靴クリームが塗り込まれると、革の表面に艶が無くなります

13 クリームを塗り込んだアッパーを、艶が出るまで柔らかいウエスで磨きます

14 靴クリームを塗って磨いた状態です。トゥキャップの切り口や飾り穴の中までしっかり黒くなっていることを確認します

オックスフォードを仕立てる

◆ ハイシャイン仕上げ

01 コットン布にワックスを取って軽い力で円を描くように磨き、ワックスを毛穴を埋めるように塗り込みます

02 かかとの部分もワックスを塗りこんで磨き、ハイシャイン仕上げにしていきます

03 底の半カラスで仕上げた部分も、ワックスで磨いてハイシャイン仕上げにします

04 ハイシャイン仕上げにした部分は、周りの景色が映り込む程の艶が出ます

◆ 木型の抜き取り

01 木型を抜きます。木型のトップ部分をポンポンで叩きます

02 木型のトップを叩くと、前側部分の合わせ目に隙間ができるので、その隙間にポンポンを差し込みます

03 差し込んだポンポンを起こして、トップ前側の部分を留めている金具を抜きます

各部の仕上げ

04 木型を抜くための木型抜きを用意します

05 木型の穴を木型抜きにセットします

06 木型のトップ前側部分は、このような形で外れます

07 木型抜きの先端部分を、穴の奥までしっかり入れます

08 靴のかかと部分を引き上げるようにして、木型から抜きます。これはかなり力のかかる作業です

09 木型から靴が抜けた所です。木型に塗っておいたベビーパウダーは、この抜く時の滑りを良くします

◆ 中底の仕上げ

01 木型を抜くと、中底のかかとエリアには木の釘の頭が飛び出しています

02 中底から飛び出している木の釘の頭を、ニッパーで切り落とします

03 中底のかかとエリアを、ペイガラで削って平らにします

04 靴の中の削りカスを、ウエスで拭き取ります

05 かかと敷きに焼印を押します

06 焼印はかかと敷きの中央に、まっすぐ押します

オックスフォードを仕立てる

用語解説
●ベイガラ：長い柄の先に金やすりが付いた工具

07 かかと敷きを床面に返して、前端から10mm程の位置にゴムのりを塗ります

08 中敷の中央付近にも、このように丸くゴムのりを塗ります

09 かかと敷きは中底よりも3mm周囲が広いので、端の部分が中底とアッパーの境目を隠します

10 中底の位置を決めたら、ゴムのりを塗った部分を指で押して圧着します

11 かかと敷きを貼った状態です

◆ 紐を通す

01 「パラレル」という通し方で靴ひもを通します。まず表側から地番下の穴にひもを通します

02 両側の穴にひもを通したら、左右のひもの長さを同じにします

03 向かって右側のひもを、左の下から3番目の穴に裏側から通します

04 続けて向かって左側のひもを、右側の下から2番目の穴に裏側から通します

05 04で右側の下から2番目の穴に通したひもを、左の下から2番目の穴に表側から通します

06 03で左の3番目の穴に通したひもを、右の下から3番目の穴に表側から通します

07 06のひもを左の一番上の穴に裏側から通し、05のひもを右の上から2番目の穴に裏側から通します

各部の仕上げ

08 右の上から2番目の穴に通したひもを、表側から左の上から2番目の穴に通し、ベロの穴に通します

09 ベロの穴に通したひもを、右の一番上の穴に裏側から通します。これでひも通しは完了です

10 羽がぴったり付いた状態で、ひもを結びます

11 ひもを結んだら、オックスフォードは完成です

12 完成したオックスフォードです。これが平面の革から作り出されたということを改めて思い返すと、そこには「技術」という言葉が積み重なります

靴の完成度を生む卓越した技術

　羽根が内側に収められたオックスフォードは、甲の部分のラインの美しさが大切です。全体のシェイプを決めるのは木型ですが、その木型にいかに正確な形を作り上げるかというのが靴職人としての技術が求められる部分です。ここまでの製作工程を見ていただければお分かりいただけるかとは思いますが、三澤氏の手によって仕立てられたこのオックスフォードは、一分の隙も無い仕上がりを見せています。単純に「手製靴」という言葉だけでは表しきれない靴としての高い完成度は、卓越した技術の賜物と言う他にありません。

靴作りに使う主な道具⑥

金具を留める道具

シューホールに取り付けるハトメを取り付けるための道具です。表ハトメの場合はハトメ打、裏ハトメの場合は菊割を使ってかしめます。

ハトメ打

ハトメをカシメるための専用道具です。専用の打ち台とセットで使用します

菊割

ハトメを片面だけ使用する場合に、足側を菊型に割って潰すのに使用します

コテ入れ道具等

コバの仕上げに使用するコテ類は、それぞれに役割や適する場所があります。アルコールランプや電熱器で熱して使用します。

ウィール

ウェルトの上に縫い穴のピッチを兼ねた、山状の跡を付けます。様々なサイズがあります

シートウィール

かかとの上の部分に、ルレット飾りを付けるために使用するコテです

いちょうゴテ

主にかかと部分のコバの成形と、表面仕上げに使います

コバゴテ

ウェルトと本底を貼り合わせた本体のコバに当てて、成形と表面仕上げを行なうためのコテです

ズボラゴテ

先端がフラットな形状をしているコテで、様々な場所に使える万能タイプです

目付けゴテ

出し縫いをした後に、糸目に合わせてギザギザ模様を入れます

五厘ゴテ

エッジ部分などに強くコテ入れするためのコテで、先端が細くなっています

焼印

ロゴマークの焼印です。アルコールランプで熱し、革の表面に押し付けます

アルコールランプ

コテを熱するのに使用します。同時に何本かを熱する時は、電熱器を使用します

靴作りに使う主な道具⑦

仕上げに使う道具

仕上げ工程や、作業の終わりで使用する道具類です。仕上げる場所ごとに使用するものが違うので、きちんと使い分けをして完璧な仕上げを目指します。

ライター
切りっぱなしの状態になるコバの、毛羽立ちを焼いて収めるのに使用します。また、ポリエステル糸の焼き留めにも使用します

バスコ
コバ染めとコーティング処理を同時に行なうコバの処理剤。コバに塗って磨くことで、毛羽立ちが抑えられます

早染めインキ
コバやウェルトを染めるための染料です。重ね染めした分だけ色が濃く染まります

コバワックス
コバの仕上げに塗り込むロウ。溶かした状態で刷り込み、磨いて浸透させて仕上げます

ふのり
底面を磨くのに使用します。乾燥したものを、お湯で煮溶かしてペースト状にして使用します

ソールオイル
底面に塗る仕上げ用オイルです。耐水性と耐摩耗性を高める効果があります

ブラシ・靴クリーム
栄養クリームはウエス、靴クリームは小さなブラシで塗り込みます。大きなブラシはクリーム伸ばし用、ホコリ取り用です

その他の道具

木型は、木型抜きが無ければ抜くことができません。そのため、靴作りには欠かせない道具です。ゴムチューブは中底を木型に密着させる際に使用します。

クリップ
本体羽型のかかと部分を縫い合わせる際に、部品同士が動かないように留めるのに使用します

ゴムチューブ
中底に木型のクセ付けをする際に、濡らした中底を取り付けた木型をこのゴムチューブで巻いて固定します

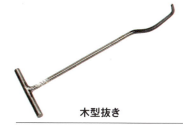
木型抜き
木型を靴から抜く際に、木型に引っ掛けて力をかけるためのフックです

Derby

ダービーを仕立てる

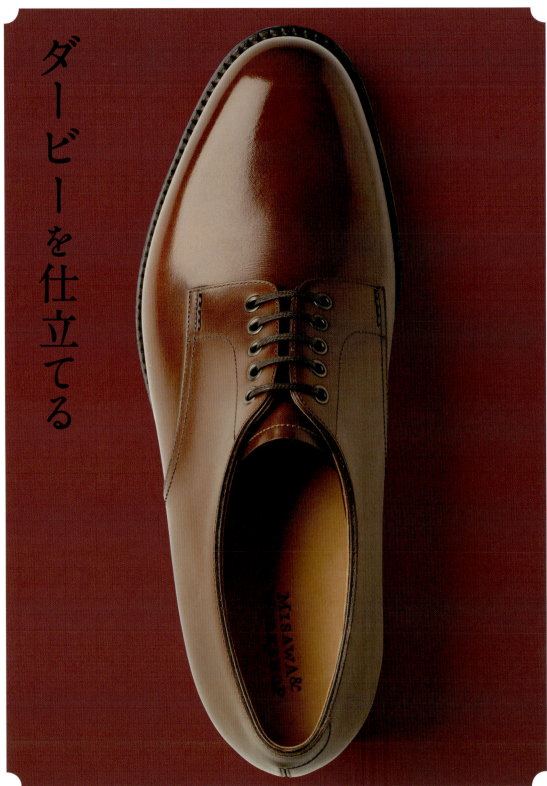

ダービーはプレーントゥで仕立て、底付けはかかと周りまで一周ウェルトを取り付けるダブルウェルト方式を使うなどオックスフォードとは異なる手法を盛り込んでいきます。外羽根式のため、バンプとベロが一体になっているので、釣り込み作業の難易度も上がります。

Derby　外羽根ならではのカジュアルさを強調します。

ダービーを仕立てる

型紙製作

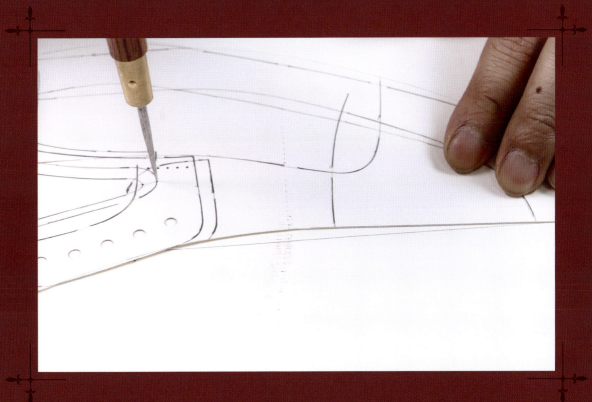

木型から取ったスタンダードフォームを基本に、各型紙を起こしていきます。型紙がきちんとできていなければ、当然靴もきちんとしたサイズや形には仕上がりません。特にバンプの型紙の製作は手間がかかる作業なので、少し時間をかけてでもきっちりとしたものを製作します。

ダービーを仕立てる

型紙を起こす

　オックスフォードと同様にスタンダードフォームを製作し、そこから型紙を起こします。先にも触れましたが、ダービーは外羽根とも呼ばれ、羽型がバンプの上に重なって履き口が外側に開くタイプです。ここで作るダービーはプレーントゥタイプで、外羽根のためベロまでバンプと一体になるのでバンプの型紙は大きなものとなります。

　また、カン止めの位置もオックスフォードとは変わって左右それぞれになるなど、細かい部分はオックスフォードと変わってきます。まずは全ての基本となる型紙を、しっかりと起こすとが大切です。

◆ スタンダードフォームの製作

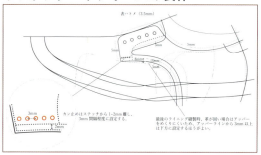
ダービーのスタンダードフォームの基本図です

01 スタンダードフォームに印す本体のラインは、オックスフォードと同様です

02 本体ラインの5mm外側に、ライニングのラインを引いていきます

03 トップライン部分も均等に5mm外側にライニングのラインを引きます。これは市切り代になります

04 外羽根になるので、羽型の前方も市切り代5mmを取ります

05 雲型定規を当てて、ライニングのラインを清書します

06 内と外の境目のライン、ライニングのライン、カン止めの穴位置などを記載します

ダービーを仕立てる

07 羽型の本体とライニングのラインを決めて、清書します

08 ライニングのラインを、自然な感じで繋げます

09 必要なラインを全てスタンダードフォームに書き込んだ状態です

10 スタンダードフォームを1番外側のラインで裁断します

11 2本の線が交差している底部分も、1番外側のラインを裁断します

12 スタンダードフォームを裁断した状態です

13 スタンダードフォーム内のラインに、端を残してカッターで切れ目を入れます

14 底の二重になっているラインも、それぞれ切れ目を入れます

15 レースホールは表ハトメにします、穴は直径3.5mmであけます

16 切れ目を入れたラインの端を、目打ちで突いて丸穴をあけます

17 ラインのカットと、ラインの端に丸穴をあけるとスタンダードフォームはこのようになります

型紙を起こす

◆ 先芯の型紙製作

01 ケント紙に引いたラインに甲のセンターラインを合わせて、スタンダードフォームの先芯の線をけがきます

02 片側をけがいたらスタンダードフォームを反転させ、裏側からけがきます

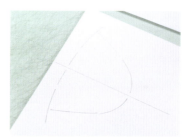

03 先芯はこのように、内と外のフェザーラインをそれぞれ間違わずに写し取ってください

04 スタンダードフォームから写した先芯のつま先側の、9mm外側にラインをけがきます

05 けがいたラインを雲型定規を当てて清書します

06 一番外側のラインで型紙を裁断します

07 センターと内側になる方に、切込みを入れます

08 完成した先芯の型紙です

◆ 月型芯の型紙製作

01 スタンダードフォームから月型芯のラインをケント紙に写し、けがいた半面分を裁断します

02 裁断した部分をラインで折ってその周囲をけがき、もう半面を裁断します

03 先端を外側のラインで裁断し、センターと内側に切り込みを入れます

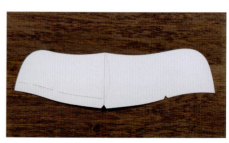

04 完成した月型芯です

◆ 羽型の型紙製作

01 羽型のラインをケント紙に写します

02 カン止めの穴位置は、目打ちで突いて写します

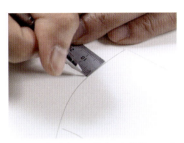
03 バックシームラインの外側1mmの位置に印を付けます

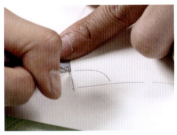
04 03で付けた印に合わせて、縫い割り代を1mm加えた線を引きます

05 スタンダードフォームのライン繋ぎ目の部分はけがけないので、線を繋げます

06 外側の羽型の型紙の、ドッグテイル部分を作ります。まずドッグテイル部分以外を裁断します

07 ドッグテイルのラインに切れ目を入れます

08 バックシームライン+0.5mmのラインで折り返し、ドッグテイルの形をけがきます

09 けがいたドッグテイルのラインで裁断します

10 直径3.5mmのハトメ抜きで、レースホールの穴をあけます

11 ステッチラインの中間点と端に、直径1mmのハトメ抜きで穴をあけます

12 穴の幅に合わせてラインをカッターで裁断し、スリットにします

型紙を起こす

13 完成した羽型の型紙です

◆ バンプの型紙製作

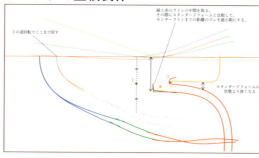

回転の中心軸の置き方は若干異なりますが、考え方はオックスフォードのバンプライニングと同様で、スタンダードフォームを回転させながら、反転の軸からはみ出した部分を軸の下部に収めます

01 スタンダードフォームの甲の立ち上がっていない部分まで、反転の軸の直線に合わせます

02 上図の青色の線を参考に、底面の線を写し取ります

03 センターラインから外側フェザーラインまでの距離を測ります

04 03で測った距離の中間あたりに、1回目の回転軸を設定します

05 羽根の付け根、カン止め上部のセンターラインが直線に沿うまで回転させます

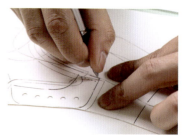

06 この状態で羽根の付け根の角の線を写し取ります

07 羽根の付け根の角をケント紙上にけがいた状態です

08 この状態で底辺のラインもけがきます

09 2番目の回転軸をカン止めの中央部に設定し、ベロが直線に沿うまで回転させます

ダービーを仕立てる

10 ベロのラインをけがきます

11 ベロの付け根の、1番えぐれている部分に目打ちを打ち、最後の回転の軸にします

POINT
12 つま先部分のセンターラインとフェザーラインの交点が、ケント紙のラインに合う所まで回します

13 p.172の図の赤色の部分を写し取ります

スタンダードフォームから、ケント紙に写したラインです。ここからラインを整理していきます
14

15 二重になっている底のラインを、消しゴムで消して整理します

16 整理した底のラインに雲型定規を当てて、清書します

17 ベロの根元部分のラインを、自然な感じのラインに修正します

18 不要なラインは消しておきます

19 ベロの上側のラインを、センターラインと垂直になるように修正します

20 スタンダードフォームの、センターラインから羽根の付け根の角までの距離を測ります

21 スタンダードフォームの距離に近い位置に角を取り、下辺のラインに雲型定規を当てて清書します

型紙を起こす

POINT
22 ベロ根元のえぐれている部分の先端を、サイズの合うハトメ抜きで丸く抜きます

23 1番外側のラインで型紙を裁断します

24 型紙の裁断した部分を、センターラインで縦に折ります

25 裁断した半分の型紙の周囲をけがきます。底の内側に入っている線は、ルレットでなぞって写します

26 折り目を開くと、このように内側分の型紙がけがかれます

27 内側部分の型紙を裁断していきます

POINT
28 底は外側は前半が外、後半が内で、内側は前半が内、後半が外のラインで裁断します

29 センターと内側部分に切り込みを入れておきます

30 羽型との貼り合わせラインの上に、数点1mmのハトメ抜きで穴をあけます

31 貼り合わせラインに沿って、穴と穴の間に切れ目を入れます

32 穴の直径に合わせてカッターで切って繋ぎ、スリットにします

ダービーを仕立てる

33 完成したバンプの型紙です

34 本体用の型紙が揃いました。本体は内外の羽型と、バンプの3点の部品で構成されます

◆ 羽型ライニングの型紙製作

01 スタンダードフォームで切り落とした羽根の上部にも、市切り代5mmを加えます

02 バックシームラインのセンターラインを引きます（p.48参照）

03 バックシームライン以外の部分を裁断し、内接ぎのラインにも切れ目を入れます

04 バックシームラインは、反転軸の直線に接するまで裁断します

05 反転軸の直線に浅く切れ目を入れて、裁断した型紙をセンターラインで折り返します

06 03で切れ目を入れた内接ぎのラインと、そこまでのアウトラインをけがきます

07 折っていた部分を起こすと、このような状態になります

08 内接ぎのラインの外に、8mmの貼り代のラインを引き、そのラインで裁断します

09 内側の型紙は内接ぎのラインで裁断します。これで羽型のライニングは完成です

175

◆ バンプライニングの型紙製作

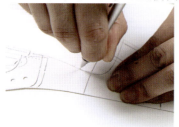

01 バンプライニングは表革のバンプの製作法（p.172～参照）とほぼ一緒ですが、写す線を間違えないように

02 1回目の回転で、ベロの付け根上部のセンターラインが直線に沿うまで回転させます

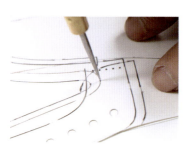

03 ベロの付け根の1番えぐれている部分を目打ちで突いて、回転の軸にします

04 ベロ部分のセンターラインと、ベロのデザイン線との交点がケント紙の直線に合うまで回します

05 ベロのライニング用のラインに沿ってけがきます

06 ベロから繋がるラインの先端部分までけがきます

POINT
07 04と同軸で、つま先のセンターラインとフェザーラインの交点がケント紙のラインに合うまで回します

08 ライニング用のラインをけがきます

09 内外の差を考慮し、つま先で−3mm、センターラインで−1mmします

10 センターラインの上をカッターで軽くなぞり、浅く切れ目を入れます

11 けがいた型を裁断します。つま先は3mmマイナスした部分から切り始めます

ダービーを仕立てる

12 そのまま自然に底に繋げたラインで裁断します

13 センターラインで折って裁断した型紙の周囲をけがき、本体のバンプと同様に裁断します

14 羽型、サイドライニングとの貼り合わせ部分のラインを、スリットにします

◆ サイドライニングの型紙製作

15 完成したバンプライニングの型紙です

01 スタンダードフォームの内外のサイドライニングのラインを、ケント紙にけがきます

02 けがいたラインに沿って、カッターで裁断します

◆ かかと敷きの型紙製作

03 完成したサイドライニングの型紙です。内側には目印の切れ目を入れておきます

01 中底の型紙のかかと部分のラインをケント紙にけがきます

02 けがいたかかとの周囲の3mm外側に、新しい線をけがきます

03 02でけがいた線を、雲型定規で清書します

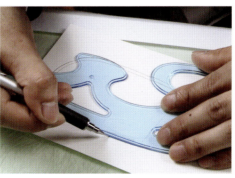

04 線を清書したら、その線に沿って裁断します

177

型紙を起こす

仮吊り込みで型紙とデザインを確認

型紙を起こしたら、オックスフォードと同様に、仮アッパーを製作して仮吊り込みを行ない、必要があれば型紙に修正を加えます。仮アッパーは、端革を使って製作します。

型紙に合わせて仮アッパーを製作します

製作した仮アッパーを、木型に被せます

アッパーを木型に被せたら、つま先部分から吊り込みます（詳しい吊り込み方法はp.205～参照）

しっかり引いて、釘で留めます。つま先周りを左右もう2点吊り込みます

かかとをアッパーラインの印まで吊り込みます

吊り込んだ部分を釘で打って留めます

アッパーラインを合わせたら、釘を打って留めておきます

側面を吊り込みます

甲ができるだけぴったり木型に沿うように、しっかり吊り込みます

吊り込んだ部分を釘で打って留めます

仮吊り込みが終了した状態です。思い通りの形になっているか確認します

ダービーを仕立てる

製 甲

アッパーを製作する製甲の過程では、ミシンによる各部品の縫い合わせが主な作業となります。本体とライニングはこの過程で一体化させて、ひとつのアッパーに仕立てます。かかとの部分の縫い割り作業は、靴作りのポイントとなる部分です。しっかりと作業して、成形しましょう。

ダービーを仕立てる

裁　断

　表革、ライニング、サイドライニングを革から切り出していきます。本体に使用するのは1〜1.5mm厚のカーフで、色は少し濃い目のブラウンです。ライニングとかかと敷きにはオックスフォードと同じコンビなめしの革、サイドライニングも同じ豚革を使用します。このダービーはプレーントゥ仕様なので、本体の部品点数がオックスフォードよりも少なくなりますが、バンプの部品が大きいので、部品を取る位置をしっかり選びましょう。

　型紙の部品とは別に、15×500mmでビーディングテープも裁断しておきます。

◆ 本体部品の裁断

01 革の表面の状態、繊維の方向を確認して型紙を配置します

02 型紙のアウトラインを、銀ペンでなぞってけがきます

03 型紙を革にけがいた状態です

04 けがいた線の少し外側で、部品を粗裁ちします

05 大きな部品は、ハサミを使って粗裁ちします

06 ベロの付け根の部分は、型紙と同様にサイズの合うハトメ抜きで丸穴をあけます

07 けがいた線に沿って本裁ちします

08 アッパーの部品一式を裁断した状態です

ダービーを仕立てる

◆ ライニングの裁断

01 型紙を配置して、銀ペンでアウトラインをけがきます

02 なるべく革に無駄が出ないように、部品同士を詰めて配置します

03 粗裁ちをしてから、けがいた線に合わせて裁断します

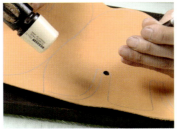

04 本体と同様に、ベロの付け根の部分はサイズの合うハトメ抜きで丸穴をあけます

05 ライニングとかかと敷きを、同じ革から切り出します

◆ サイドライニングの裁断

01 サイドライニング用の豚革のギン面に型紙を置き、アウトラインをけがきます

02 けがいた型に合わせて裁断します。革が柔らかいので、しっかり押さえながらよく研いだ包丁で裁断します

03 切り出されたサイドライニングです

◆ ビーディングテープの裁断

今回ビーディングテープは、アッパーよりも暗めの濃茶の革から切り出しました。15mm×500mmサイズで、2本切り出します

01

ダービーを仕立てる

漉き加工

　部品の重なる部分の革を漉き加工していきます。使用している革の厚みは1.5mm厚程度までですが、部品をそのままの厚みで縫い合わせると3mmの厚みが出てしまい、その部分が出っ張り、足に触ることにもなります。漉き加工は手漉きだけでも行なうことができますが、漉き機でおおまかに漉いた後、手漉きで補正していくのが効率的です。ギン面だけを残して漉くゼロ漉きにする部分もあるので、作業に正確性が求められます。また、漉き機や手漉きに使用する革包丁の刃は、研いでよく切れる状態にしておくのが基本中の基本です。

◆ 本体部品の漉き加工

01　本体の床面を漉き機で加工します

02　バンプの後端部分はゼロ漉きにします

03　羽型の各部は2/3または3/4程度の厚みに漉きます

04　細部は手で漉きます。これはベロの付け根部分です

05　ベロの側面部分は半分から2/3程度の厚みに漉きます

06　羽型のドッグテイル部分も手で漉きます

07　ドッグテイル部分は、2/3程度の厚みまで漉きます

◆ ライニング等の漉き加工

01　ライニングの床面を、漉き機で漉きます

02　バンプライニングの後端部分は、本体と同様にゼロ漉きします

ダービーを仕立てる

03 羽型のライニングは、8mm幅でトップラインは2/3、外側の内接ぎ部分はゼロ、それ以外は1/3に漉きます

04 かかと敷きは前側8mmを1/3厚に斜め漉きします

05 漉き機で漉いた部分を、手漉きでよりスムースにします

06 ベロの部分は3辺を1/3の厚みに漉きます

07 羽型の下側の切れ目が入っている部分は、手漉きで表面をスムースに仕上げます

08 羽型のライニングを漉いた状態です

09 サイドライニングは下辺以外の3辺を、8mm幅でゼロ漉きにします

10 漉き加工前と加工後の比較です。全てのサイドライニングを同様に漉き加工します

11 ビーディングテープの床面も漉き加工します

12 端から中央に向かって、両側から斜めに漉きます

13 両側から斜めに漉いたことで、真ん中に向かって山型になっています

アッパーの製作

ダービーを仕立てる

　裁断と漉き加工が終わった部品を組み合わせて、アッパーを製作します。アッパーを構成する部品を組み合わせていくと、部品は少しずつ立体になっていきます。表革とライニングもこの工程で組み合わせて、ひとつのアッパーにしていきます。

　ポイントとなるのはバンプと羽型の縫製で、立体になった状態でのミシン操作は難しく練習が必要です。表革だけを縫う場所、表革とライニングを一緒に縫う場所、ライニングだけを縫う場所があるので、縫い始める前に確認しておくことも大切です。

◆ 羽型の縫製

01 トップラインの切り口をライターで炙って、毛羽立ちを抑えます

02 毛羽立ちを抑えたトップラインに、バスコを塗って目止めします

POINT
03 ドッグテイルの貼り合わせ部分を割ったガラス片で削り、ギンを落として荒らします

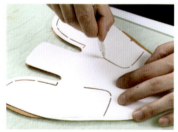
04 バンプライニングに型紙を合わせて、サイドライニングの取り付け位置に印を付けます

05 外側の羽型ライニングの貼り合わせ位置（ギン面）に、ゴムのりを塗ります

06 内側の羽型ライニングの貼り合わせ位置（床面）にもゴムのりを塗ります

07 位置を合わせて、内外の羽型ライニングを貼り合わせます

08 貼り合わせた部分のトップラインから8mm下、5mm内側の位置に銀ペンでラインを引きます

09 貼り合わせの際をトップラインから8mm下まで縫ったら縫い線まで横に縫い、縫い線の上を縫います

オックスフォードを仕立てる

10 ギン面を合わせて、バックシームラインで二つ折りにし、切り込み部分を際で縫い割りします

11 羽型のライニングを縫い合わせた状態です

12 本体の羽型の内側と外側を、ギン面合わせにし、バックシームラインをドッグテイルから下まで縫い割りします

13 本体羽型のバックシームラインを縫い合わせた状態です

14 ドッグテイルの部分は、後で縫い割り部分を表側から縫う際に一緒に縫い合わせます

15 縫い終わりの糸は、焼き留めで始末しておきます

◆ 羽型ライニングの縫い割り

01 ライニングのバックシームラインの縫い合わせた部分に、ゴムのりを塗ります

02 ライニングのかかとを馬にセットして、なるべく沿わせます

03 ポンポンの細い面で細かく叩いて、革の断面を潰します

04 ポンポンの細い面である程度断面を潰したら、広い面で叩いてしっかり潰します

05 裏返して馬にセットして、ギン面側からも縫い目を叩いて割ります

◆ 本体羽型の縫い割り

01 本体のバックシームラインを、できるだけ縫い目の近くまで裁断します

アッパーの製作

02 バックシームラインの断面に、ゴムのりを塗ります

03 かかと部分を馬にセットします

04 断面をポンポンの細い面で叩いて潰します

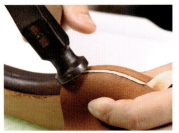

05 ある程度まで断面が潰れたら、ポンポンの広い面を使ってできるだけ平らに潰します

06 羽型を表側にして、できるだけ強く引っ張りながら馬にセットし、ポンポンで叩きます

07 縫い割りをした部分の裏側に、ナイロンテープを貼ります

08 ナイロンテープは浮きが出ないように、しっかり押さえて圧着します

09 ドッグテイルと貼り合わせ部分にゴムのりを塗ります

10 位置を合わせてドッグテイルを貼り合わせます

11 貼り合わせたドッグテイルを、ポンポンで叩いて圧着します

12 ここまでの作業で、羽型はこのような状態になっています

ダービーを仕立てる

13 ダービーはカジュアルなスタイルなので、オックスフォードよりも太めの#14の針と#20の糸をミシンにセットし、ドッグテイルから縫い始めます。最初と終わりは1目返し縫いをします

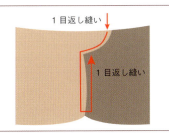

14 バックシームラインを下で折り返してドッグテイルの部分まで縫ったら、1目返し縫いをします

15 羽の部分に飾り縫いをします。ここでは最初と終わりは1目返し縫いをします

16 バックシームラインを縫い合わせた糸を、床面側に出します

17 2mm程残して余分な糸をカットします

18 残した糸をライターで炙って熔かし、焼き留めします

19 飾りステッチの糸も床面側に出して、焼き留めで始末します

◆ 本体とライニングの縫製

01 本体のトップライン部分の床面に、ゴムのりを塗ります

02 ゴムのりを塗ったトップラインの床面に、ナイロンテープを貼ります

03 カーブ部分は布テープに少し切れ目を入れて、隙間なく貼るようにします

04 ナイロンテープを貼ったら、ポンポンで叩いて圧着します

アッパーの製作

05 ビーディングテープの床面に、ゴムのりを塗ります

06 ビーディングテープを縦に二つ折りにして、床面同士を貼り合わせます

07 床面を貼り合わせたビーディングテープを、ポンポンで叩いて圧着します

08 ビーディングテープの両側のギン面を、割ったガラス片で削り落とします

09 トップラインにゴムのりを塗ります。ナイロンテープを貼ってある部分も、その上からゴムのりを塗ります

10 ビーディングテープの表面にゴムのりを塗ります

11 トップラインに合わせて、ビーディングテープを貼っていきます

12 トップラインからビーディングテープがわずかにはみ出す位置で、注意しながら貼っていきます

POINT

13 カーブのきつい部分は、菊寄せの要領でシワを何本か作ってクリアします

14 ビーディングテープを貼り合わせたら、ポンポンで叩いて圧着します

15 カーブのシワを寄せた部分を平らに漉き、端の部分は斜めに漉きます

16 羽型と貼り合わせたビーディングテープに、ゴムのりを塗ります

ダービーを仕立てる

17 羽型ライニングのトップラインの床面に、ゴムのりを塗ります

18 バックシームラインの位置を合わせて、ライニングが上に5mmはみ出すように貼り合わせます

19 トップラインとライニングを、端まで貼り合わせます

20 トップラインをポンポンで叩いて、ライニングと圧着します

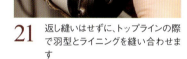

21 返し縫いはせずに、トップラインの際で羽型とライニングを縫い合わせます

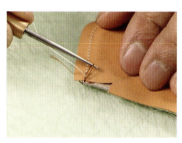

22 縫い終わりの糸は裏側に出して、2mm程残してカットします

23 糸の端をライターで熔かして潰し、焼き留めします

24 はみ出しているライニングの端に、ハサミで切れ目を入れます

POINT

25 切れ目から市切りを入れて、トップラインに沿ってライニングをカットします

26 ライニングの市切り代をカットしたら、羽型の基本形は完成です

アッパーの製作

◆ レースホールの製作

01 型紙に印した穴の位置に合わせて、直径3.5mmのハトメ抜きでレースホールをあけます

02 表側からハトメをレースホールにセットします

03 裏側に出たハトメの先端に、座金をセットします

04 裏側からハトメ打で打って、ハトメを留めます

05 レースホールは、ハトメが見える表ハトメという方法で処理しました。これはカジュアルな靴によく見られます

06 裏側から見て、全てのハトメがきれいに潰れていることを確認します

◆ バンプと羽型の縫製

01 バンプの後ろ側の部分の貼り代のギン面を割ったガラス片で削り、ゴムのりを塗ります

02 ライニングをめくり、羽型とのバンプとの貼り合わせ位置にゴムのりを塗ります

03 位置を合わせて、羽型とバンプを左側だけ貼り合わせます

04 ライニングに入れた切れ目は、羽とバンプの間に出します

05 羽型とバンプを貼り合わせた部分を、ポンポンで叩いて圧着します

06 貼り合わせた部分のコバに、5mm幅で縫い線を引きます

ダービーを仕立てる

07 左側の羽型のコバの際を縫っていきます。ライニングを縫わないように注意します

08 先に縫ってある羽型のステッチと重ねてUターンし、逆向きに縫っていきます

09 縦のステッチに合わせて5mm上に縫い、06で引いた縫い線に沿って上側を縫い合わせます

10 右側の羽型とバンプを貼り合わせます

11 ラインを合わせたら、しっかりと手で押さえます

12 さらにその上からポンポンで叩いて圧着します

13 左側と同様に、貼り合わせた部分のコバに、5mm幅で縫い線を引きます

14 右側は上側（縫い線沿い）から縫っていきます

15 右側は際の部分が縫いにくいので、ステッチラインが歪まないように注意しながら縫います

羽型とバンプを縫い合わせた状態です。これで靴の形の基本形ができました

16

アッパーの製作

◆ バンプライニングの取り付け

01 本体のベロの床面に、ゴムのりを塗ります

02 羽型ライニングのバンプとの貼り代にゴムのりを塗ります

03 バンプのベロ部分と、サイドライニングの貼り代にゴムのりを塗ります

04 サイドライニングの床面にゴムのりを塗ります

05 本体の裏側に、バンプのライニングをセットしていきます

POINT
06 ベロは本体が3mmはみ出すように貼ります

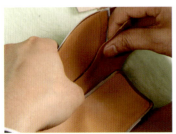
07 羽型のライニングと、バンプのライニングをラインに合わせて貼り合わせます

08 バンプのライニングと羽型のライニングを貼り合わせた裏から、サイドライニングを貼ります

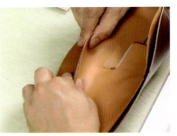
09 サイドライニングは少しカーブさせながら貼り合わせます

10 ライニングは、このように一体になります

11 ライニングの接着部分をポンポンで叩いて、圧着します

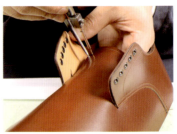
12 ベロの縁から5mm幅で縫い線を引きます

ダービーを仕立てる

POINT
13 ベロに縫い線を引いた状態です。ベロの周囲を、コの字型に縫い合わせることになります

14 ベロを縫い合わせます。最初と最後はそれぞれ一目返し縫いをします

15 縫い終わりの糸は表側に出して、焼き留めで始末します

16 バンプライニングと羽型ライニングの貼り合わせ位置に、5mm幅の縫い線を引きます

17 縫い線と際を縫って、ダブルステッチにします

POINT
18 縫い終わりの糸は裏側に出して、焼き留めで始末します

◆ カン止め

19 縫い終わったライニングを、裏から見た状態です

01 羽型の型紙を当てて、カン止めの穴の位置目打ちで突いて跡を付けます

02 直径1mmのハトメ抜きで、両端と真ん中の穴をバランスを見ながらあけます

03 まずはこの3ヵ所に、均等な間隔になるように穴をあけます

04 穴と穴の中間点にも穴をあけて、5つの穴をあけます

05 まず真ん中の穴に裏側から糸を通し、前隣りの穴に表側から通します

193

アッパーの製作

06 05で前から2番目の穴に通した針を、糸の後端に刺します

07 06の状態で糸を引き、糸の後端に針を刺しながら一番前の穴に裏から通します

08 表側から見ると、このように糸が通っています。1番前の穴から出た糸を、2番目の穴に通します

09 2番目の穴に通したら針を、糸の後端に刺します

10 糸を引き締めると、表側の縫い目はこのようになります

11 09で2番目の穴から裏に通した糸を、5番目の穴に裏側から通します

12 11で5番目の穴に裏から通した糸を、4番目の穴に表側から通します

13 12で4番目の穴に表側から通した糸を、真ん中の穴に裏側から通します

14 真ん中の穴に裏側から通した糸を、4番目の穴に表側から通します

15 これで全ての穴に糸が通ったことになります

16 縫い終わりの糸を、一番後ろの縫い目の間に通します

17 縫い目に通した糸を結びます

ダービーを仕立てる

18 しっかりと結んで、結び目を小さくします

19 余分な糸を、な2〜3mm残してカットします

20 結び目をライターの火で炙って熔かします

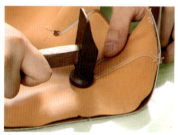

21 裏側からポンポンで叩いて、縫い目を落ち着けます

22 縫い終わったカン止めです。反対側も同様に縫います

23 レースホールに仮留め用のひもを通して結びます

24 これでアッパーは完成です。よりはっきりと靴の形に近づきました

ダービーを仕立てる

吊り込み

バンプがベロと一体化しているダービーは、甲部分の吊り込みが難しくなります。甲部分のシワの寄り方を確認しながら、吊り込む力加減や方向を調整しましょう。また、吊り込んだ際の左右のバランスも、しっかり確認しながら作業を進めます。この作業で靴のシェイプが決まります。

ダービーを仕立てる

中底の製作

　靴の中底は型紙を元に作った中底よりも少し広めに裁断し、実際木型に合わせて裁断していきます。中底は木型の底の形にクセ付けをします。このクセ付けは水で濡らした中底をゴムチューブで縛って乾かすという方法を使うので、乾くまでの間中底を使う作業はできません。ここでは使用する順で紹介していますが、もっと先の段階でクセ付けだけしておいても良いでしょう。

　中底の底面にはすくい縫いのための溝を彫る必要があります。クセ付けが終了したら、底面に基準線を引いて溝を彫ります。

◆ 中底のクセ付け

01 中底の型紙を、中底用の革のギン面にけがきます

02 けがいた線の1〜2mm外で、中底を粗裁ちします

03 タンニン鞣しの厚く、固い革を使うので、一度では裁断できません。まずは切れる範囲で裁断線の切込みを入れます

04 革を引き上げながら革包丁の刃を床面側まで入れて、最初に切り込みを入れた線に沿って裁断します

05 かかとやつま先のカーブがきつい部分は、このように下方向に余分な革を逃して裁断します

06 粗裁ちした中底のギン面を割ったガラス片で削り、ギンを落とします

07 ギンを落としたら、#40〜50の紙やすりで表面を荒らします

08 木やすりを使って荒らしても良いでしょう

POINT

09 表面を削ったギン面側を、しっかり水で濡らします

ダービーを仕立てる

10 中底の床面側に、前、中、後ろの3点に釘を軽く打ちます

11 木型の底に中底のギン面側を合わせます

12 型紙に合わせてけがいた本裁ちの線に合わせたら、釘を5mm程木型に打ち込みます

13 中底の床面に出ている釘の頭は、このように折っておきます

14 木型のエッジに合わせて、中底の外周を削ぎ落とします

15 乾いた後、革が縮むことを考慮し、2〜3mm大きめにカットします

16 ゴムチューブできつく巻いて、中底を木型にぴったり沿わせます

17 ゴムチューブで全体を包み、一晩程度置いて中底に木型のクセを付けます

中底のクセ付けは可塑性を利用

中底のクセ付けには、革の可塑性を利用しています。ゴムチューブで強く圧力をかけても、革が濡れていなければクセはしっかり付きません。濡れ具合を確認してからゴムチューブを巻きましょう。

◆ 中底の成形

01 中底に、しっかり木型の底面のクセが付いていることを確認します

02 中底にクセが付いた状態で、木型のエッジからはみ出している部分をカットし、形を整えます

中底の製作

03 中底の形を整えた状態です

04 3ヵ所打っていた釘を抜いて、中底を木型から外します

05 木型から中底を外したら、エッジの部分に残ったバリを革包丁で削ぎ落とします

06 包丁でバリを落としたら、#40〜50の紙やすりをかけてエッジを整えても良いでしょう

07 バリを落としたら、再度3点を釘で打って木型に取り付けます

中底に溝を彫る

01 中底の型紙を合わせて、内外のジョイントポイントを印します

02 内外のジョイントポイントを結んで、直線を引きます

03 02で引いた線の後ろ側に、足長の10%の位置(25cmの場合は25mm)に印を付けます

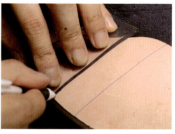

04 03で付けた印を基準に、02で引いたラインに平行な線を引きます

05 このように2本のラインを引きます

06 ヒールゲージをかかとに当てて、直線部分の印を付けます

07 06で付けた印を結んだ直線を引きます

200

ダービーを仕立てる

08 ヒールゲージのラインを引いた状態です

09 中底の周囲に、4mm幅のラインを引きます

10 このダービーは全周をウェルトが付くダブルウェルテッドで底付けするので、かかと部分にも引きます

11 周囲に引いたラインに沿って、底面のエッジを斜めに落とします

12 エッジはコバの厚みを1.5mm残す位置でカットします

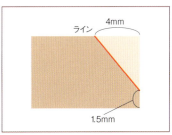

13 エッジはこのように、斜めにカットします

14 エッジを斜めにカットした状態です

15 元のエッジの位置から10mmの位置に印を付けます

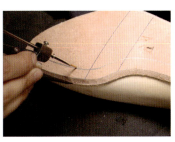

16 15で付けた印を基準に、元のエッジから10mm幅の線を周囲に引きます

底面に溝を彫るための基準線が引けた状態です

17

中底の製作

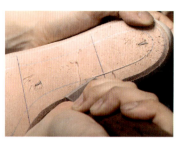

18 **15**で引いたラインに沿って、1.5mmの深さで切り込みを入れます

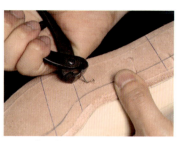

19 釘が溝を彫る位置にかかる場合は、抜いて作業します

20 **15**のラインのさらに10mm程内側から斜めに革包丁の刃を入れ、**17**の切れ込みまで裁断します

21 ラインに沿って、中底の全周に溝を掘ります

22 かかとの部分もしっかり溝を彫り、溝を一周繋げます

23 中底の底面に溝を彫った状態です。この溝はすくい縫いをする際に必要になります

ダービーを仕立てる

芯の製作

靴の形を保つために必要な、先芯と月型芯を製作します。細かく漉いていく必要があるので、右の図を参照してください。3mm以上の厚みがある革を、最も薄い部分でゼロ漉きまで漉いていきます。芯の出来栄えは靴の出来栄えに反映するので、丁寧に作業しましょう。

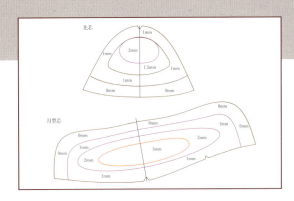

◆ 芯の製作

01 それぞれの芯の型紙を革のギン面にけがき、裁断します

02 月型芯のギン面を割ったガラス片で削り、ギンを落とします

03 先芯も同様に、ギンを落とします

04 先芯の床面を漉きます。端の部分はゼロ漉きになるので、ギン面まで切らないように注意します

05 月型芯の床面を漉きます。月型芯の最も厚い中心付近は、3mmの厚さを残します

POINT

06 ノギスで厚みを測りながら、各部を指定の厚みまで漉いていきます

07 漉きが終了した床面を、水で濡らします

08 水で濡らした床面の表面を、割ったガラス片で削ってなだらかに整えます

09 完成した先芯と月型芯です。左右分製作します

ダービーを仕立てる

吊り込み作業

　ダービーの吊り込み方法は、オックスフォードの吊り込み作業と大きくは変わりません。バンプがベロの部分まで一体になっているので、オックスフォードよりも縦方向のシワが取りにくいので、側面側からの吊り込みを丁寧に行ない、甲の部分の縦ジワを消していきます。

　吊り込みの際に先芯と月型芯を表革とライニングの間にセットしますが、その際中まで充分に水で濡らした状態にしておきます。そうすることで革の持つ可塑性によって木型の形のクセが芯に付き、つま先とかかとの形がしっかり決まります。

◆ 芯の貼り付け

01 月型芯を水に浸けて、中までしっかり水を含ませます

02 アッパー本体のかかと部分の床面を、水で濡らします。濡らし過ぎてシミにならないように気を付けます

03 アッパー本体のバンプ部分も、床面を水で濡らします

04 アッパー本体の側面の床面も、水で濡らします

05 しっかり濡らした月型芯の床面側に、ラックボンドを塗ります

06 月型芯の上辺が、本体の一番上に当たるように位置を合わせて貼り付けます

07 本体の床面に貼った月型芯の表面に、ラックボンドを塗ります

08 ライニングと本体のバックシームラインを合わせて、ライニングを月型芯の上に貼り合わせます

09 月型芯を挟んで本体とライニングを貼り合わせたことで、かかと部分の張りが強くなります

ダービーを仕立てる

◆ 吊り込み1

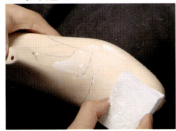
01 木型にベビーパウダーを塗ります

02 木型にアッパーを被せます

03 つま先側から吊り込んでいきます。ライニングだけで一度引いた後、表革と一緒に引いて釘で留めます

04 つま先の中心部分を吊り込むと、甲はこのような状態になります

POINT
05 ライニングだけを先にしっかり引いておくことで、より木型に密着した吊り込みができます

06 つま先の外側を吊り込みます

07 吊り込んだ状態を保ったまま、釘で打って留めます

08 内側も同様にして、吊り込みます

09 つま先の吊り込みの基本となる、3点留めが終了した状態です

10 つま先を3点留めしたら、かかと側を吊り込みます。月型芯のボンドが乾く前にライニングを引きます

11 ライニングを引いたら、本体とライニングを同時に引いて吊り込みます

12 バックシームラインの部分は木型のセンターラインに合わせて、まっすぐに吊り込みます

吊り込み作業

13 吊り込んだ状態で、バックシームラインがまっすぐになっていることを確認します

14 バックシームラインの上に、かかとを留める真ん中の釘を打ち込んで留めます

POINT

15 かかとは、木型のかかと部分に打ち込んである釘の位置にトップラインが合うまで吊り込みます

16 かかとの外側と内側も1点ずつ吊り込んで、釘で留めます

17 かかとの位置が決まったら、ドッグテイルの下の部分に釘を打って、木型に固定します

POINT

18 サイドのトップラインが、木型の横に打ち込んだ釘の位置に来るまで吊り込みます

19 続けて側面を吊り込みます。甲の部分の縦ジワを取ることを意識して吊り込みます

20 ライニングと本体を別々に引いて、ズレや隙間をできるだけ無くします

21 側面は内外2点ずつ吊り込みます

22 側面を2点吊り込んだ状態です

◆ 吊り込み2

23 この段階では甲のシワは完全には伸びませんが、小さくなっています

24 くるぶしは内側が高く外側が低いので、左右のトップラインもそれに合わせた位置になります

01 かかと部分から、さらに細かく吊り込んでいきます。3本の釘の中間点を吊り込みます

02 釘と釘の間を吊り込んで、吊り込む間隔を狭めていきます

POINT

03 右半分のより細かく吊り込んだ方が、エッジの形がしっかり出ているのが分かります

04 残りの部分も釘と釘の間で、より細かく吊り込みます

05 かかと部分を吊り込み終わったら、ポンポンで叩いて形を整えます

06 バックシームライン側もしっかり叩き、かかとの形を出します

07 かかと部分の吊り込みが完了した状態です

08 側面をより細かく吊り込んでいきます。先に打ってあった釘と釘の間を吊り込んで釘で留めます

09 内踏まず部分は木型に密着しづらいので、より高い技術が必要です

10 側辺は釘と釘との間隔が、10〜15mm程度になるように吊り込みます

◆ 先芯の貼り付け

01 つま先を3点留めしている釘を、全て抜きます

02 3点留めの釘を抜いたら、本体のみをめくってライニングを露出させます

03 底面を上にして膝の上に置きます

04 ライニングの吊りこみ代と、中底のつま先部分の溝から先にスリーダインを塗ります

05 ライニングのつま先を3点釘で打って仮留めし、細かくシワを寄せながら、ライニングを中底に貼っていきます

06 つま先部分のライニングは、表側にシワが出来ないように、均等にシワを寄せて貼っていきます

07 ライニングは常に中心方向に向かって引くことで、シワは放射状になっていきます

POINT
08 ライニングの吊りこみ代を貼り終えた状態です

09 ライニングを仮留めしていた釘を抜きます

10 シワを寄せた部分を叩いて、できるだけ平らにします

11 溝のラインから出ているライニングの吊り込み代を、ラインに合わせて裁断します

12 シワの出っ張っている部分を、革包丁で漉きます

ダービーを仕立てる

13 先芯を水に浸けて、しっかり濡らします

14 先芯の表面に、ラックボンドを塗ります

15 ラックボンドを塗った面を下にして、先芯をつま先に貼ります

16 先芯をつま先に沿わせながら貼ると、縁の部分に少しずつシワができてきます

17 縁のシワを細かくしていき、表面がシワにならないように貼っていきます

18 表面がシワ無く貼れたら、縁にできたシワを小さくして潰していきます

19 革を伸ばして、つま先に沿わせます

20 最後にポンポンで叩いて、シワを完全に潰します

◆吊り込み4

21 つま先に先芯を貼った状態です。ライニングも含めて、ぴったり木型に沿わせます。数分乾かしてから次の作業に入ります

01 つま先に貼った先芯に、ラックボンドを塗ります

吊り込み作業

02 めくってあった表革を戻して、つま先に被せます

03 つま先部分の表革を吊り込み、3点留めにします

04 つま先を3点留めにした状態です。この3点の間を細かく吊り込んでいきます

05 釘と釘の中間点を吊り込み、釘で打って留めます

06 新しく打った釘との真中部分も吊り込み、吊り込み位置の間隔を狭めていきます

07 吊り込み間隔を狭めていくと、エッジの形が出てきます。この時に余分な吊り込み代をカットしても構いません

POINT

08 ワニの口が入る限り吊り込み、最終的に釘と釘の間隔が2mm程度になるまで吊り込みます

09 つま先部分を釣り込み終えたら、エッジを叩いて形を出します

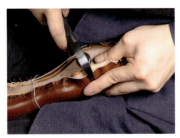

10 残っている側辺を吊り込んで行きます。ここは甲のシワを伸ばすので強く吊り込みます

11 甲のシワの状態を確認しながら引く角度を調整し、強い力で吊り込みます

12 しっかりと吊り込むことで、つま先から甲にかけてのラインをきれいに出します

ダービーを仕立てる

13 全ての吊り込みが終わったら、底面のエッジ付近を水で濡らします。その後しっかり叩きます

14 つま先周りをポンポンで叩き、形を整えます

吊り込みが終了した状態です。アッパーが完全に成形され、この靴の表情が見て取れるようになりました

ダービーを仕立てる

すくい縫い

すくい縫いで、中底、アッパー、ウェルトを同時に縫い合わせます。かかとの部分までウェルトが付くダブルウェルト方式なので、すくい縫いをする距離が長くなります。吊り込んだ部分を留めている釘は、縫い穴をあける場所にあるものだけを抜き、縫ったら次の釘を抜いて進めていきます。

> ダービーを仕立てる

すくい縫い

　すくい縫いをして、中底とアッパー、そしてウェルトを縫い合わせます。基本的なすくい縫いの方法自体はオックスフォードと大きくは変わりませんが、このダービーは底の全周にウェルトが付くダブルウェルト方式を採用しているのが特徴です。

　オックスフォードはシングルウェルト方式だったため、かかと部分はウェルト無しで縫うからげ縫いをしましたが、今回はかかと部分もすくい縫いをしていきます。使用する布団針の加工方法や、チャンの作り方、糸の準備に関しては、p108〜を参照してください。

◆ 縫い穴の目安に印を付ける

01 中底の溝にかかっているアッパーの吊り込み代を、溝のラインで裁断します

02 ライニングの吊り込み代も、中底の溝のラインで裁断します

03 溝から14mmの距離に、銀ペンコンパスで縫い線をけがきます。エッジからの距離は4mm程になります

04 エッジの無い内踏まずの部分も、溝から14mmの幅で縫い線を引きます

05 銀ペンコンパスで引いた線を、銀ペンで修正を加えて清書します

06 縫い線はこのように、底面の周囲全体に引きます

POINT

07 中底のヒールゲージのラインを、確認します

08 ヒールゲージのラインを、中底に引き直しておきます

09 8mm間隔で、かかと部分から縫い線の内側に縫い穴の目印を印します

ダービーを仕立てる

10 全て縫い穴の位置に、印を付けた状態です。溝の断面からすくい針を入れて、この印の位置から出すことになります

◆ すくい縫い

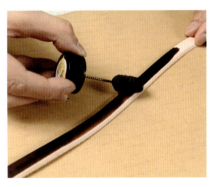

01 糸は三ひろ半用意します。吊り込みの釘の頭を、内側に倒します

02 ウェルトのギン面を、濃い目の茶色早染めインキで染めます

03 ウェルトの片端を床面側から5mm幅で斜めにカットします

POINT
04 ウェルトを水に浸けて、芯まで水を含ませます

05 縫う位置の釘を抜きます。

06 中底の溝の部分を、水で濡らします

07 すくい針を溝の側面から刺し、アッパーに付けた縫い穴の印から先端を出します

08 アッパーから出たすくい針の先端を、ウェルトの溝に出します

用語解説

●三ひろ半：一ひろは両手を広げた長さなので、その3.5倍の長さが三ひろ半です

すくい縫い

09 すくい針であけた穴に、外側から金針を合わせます

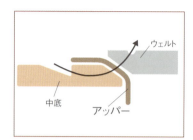
すくい針はこのように通り、中底、アッパー、ウェルトを貫通した縫い穴があきます

10 すくい針を抜くのと同時に、金針を外側から縫い穴にして、糸の中心位置を取ります

11 2番目の穴をすくい針であけたら、両側から金針を通します

12 金針を持つ手を入れ替えて、金針を引き抜いて縫い穴に糸を通します

13 糸は、中底、アッパー、ウェルトに同時に通ります

14 糸を両側から強く引き、中底、アッパー、ウェルトを縫い合わせます

15 次の目を縫うために、釘を抜きます。ここからは繰り返しの作業になります

16 07〜14を繰り返して、すくい縫いをしていきます

17 縫い終わりの3目手前で、ウェルトの長さを調整します。ウェルトが重なる部分のコバに印を付けます

18 コバに付けた印に合わせて、ウェルトに線を引きます

POINT
19 裁断する前に再度ウェルトの位置を合わせて、印の位置が正しいことを確認します

ダービーを仕立てる

20 ギン面のラインから5mm幅で、斜めにウェルトを裁断します

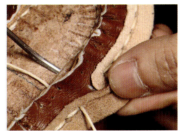

21 ウェルトを裁断したら、最後の目のひとつ手前まで縫っていきます

22 最後の一目手前までは、片側のウェルトだけしか縫い合わせていません

23 最後の一目手前まで縫い進めた状態です

24 最後の目を縫い終わった時に、ウェルトの断面がこのようにぴったり合うようになります

25 ウェルトの断面を重ねて、最後の目の縫い穴をあけます

POINT
26 最後の縫い穴には外側からだけ糸を通して、両方の糸を内側に出します

27 溝の内側で糸を2目結んで、固結びにします

28 糸を結んで留めたら、余分な糸をカットします

すくい縫い

29 ウェルトの内側に出ている表革の吊り込み代を、ウェルトのラインで裁断します

30 同様に、ウェルトの内側に出ているライニングの吊り込み代を、ウェルトのラインで裁断します

31 中底を木型に固定していた釘を全て抜きます

かかとの位置を固定していた釘も、ここで抜きます
32

33 すくい縫いが終わった状態です。底の全周にウェルトが縫い合わされている、ダブルウェルトになっています

ダービーを仕立てる

底付け

音鳴りを消すために前半分にはフェルトを貼り、後ろ半分はシャンクを取り付けてからコルクで埋める仕様にします。本底の周囲を一周ウェルトと出し縫いで縫い合わせると、靴の基本形が完成します。本底は中物のコルクに混ぜたラックボンドが完全に乾いてから取り付けます。

本底の取り付け

すくい縫いで中底、アッパー、ウェルトを縫い合わせたら、本底を取り付けていきます。オックスフォードと同様に底をドブ起こしして出し縫いで縫い合わせていきますが、かかとの部分はドブ起こしをせずに直接ステッチンググルーバーで彫った溝に糸を収めます。

このダービーには、最高級素材であるオークバーク（オークのタンニンで鞣した革）を底材として使用し、しっかりとした接地感のある靴に仕上げます。また、中底と本底が擦れる際に発生する音鳴りを抑えるために、中底と本底の間を埋めるのに、コルクとフェルトを併用します。

◆ 底付け前の準備

01 底面のウェルトから溝の間を、水で濡らします

02 すくい縫いをした際に凹凸ができているので、糸の内外を叩いて、平らにします

03 ウェルトの部分も叩いて、平面を出します

04 ウェルトは表側からもコクリ棒で押さえて、平面を出しておきます

05 10mm幅の革テープの床面を半分斜め漉きにして、スリーダインを塗ります

06 中底の溝の部分にもスリーダインを塗ります

07 溝の位置に合わせて、革テープを貼ります

08 革テープの端を、溝のラインに沿って裁断します

09 2本の革テープを使って、中底の溝を全て埋めます

ダービーを仕立てる

10 溝の部分に貼り合わせた革テープを、ポンポンで叩いて圧着します

11 ウェルトを6mm残して裁断します。本体に傷を付けないように、細心の注意を払って作業します

12 6mm残して裁断されたウェルトです。ウェルトは出し縫い後に、再度出幅を調整します

◆ 中底を埋める

01 トランシートを、底面よりも一周り大きくカットします

02 中底の底面にある3本のラインを、しっかり見える状態に引き直します

03 底面にシートをぴったり貼り合わせます

04 底のエッジをスタビロ鉛筆でなぞり、シートに写します

05 各ラインの端の部分も、シートに写します

06 底面のアウトラインと、3本のラインの位置を印したシートを、ケント紙に貼ります

07 底面の前から2番目の線までが入るサイズのシートをカットし、底面の前半分に貼ります

08 前から2番目のラインを、シートに写します

09 2番目の線から前の、ウェルトの内側のラインを写します

本底の取り付け

10 ウェルトのラインは、2番目の線から後ろは必要ありません。このラインがフェルトの形になります

POINT

11 シートを底から剥がし、ケント紙に貼ります

12 写したラインに合わせて、ケント紙を裁断します。これは本底用の型紙になります

13 ウェルトの内側を写したケント紙も、ラインに合わせて裁断します

14 13で裁断した型紙の型を、フェルトの上にけがきます。2mm厚のフェルトを使用します

15 けがいた線に合わせて、フェルトをハサミで裁断します

16 型紙に合わせて裁断したフェルトです

17 フェルトの底面との貼り合わせ面を確認して、貼り合わせ面にスリーダインを塗ります

18 フェルトが貼られるウェルトの内側にも、スリーダインを塗ります

19 位置を合わせて、フェルトと中底を貼り合わせます

20 貼り合わせたフェルトをポンポンで叩き、圧着します

21 シャンクの裏側に、スリーダインを塗ります

ダービーを仕立てる

22 シャンクの取り付け位置（p.122参照）に、スリーダインを塗ります

23 取り付け位置を合わせて、シャンクを底面に貼り付けます

24 シャンクをポンポンで叩き、ツメを中底に食い込ませます

25 フェルトとシャンクを中底にセットした状態です

26 ラックボンドとコルクを練り合わせた物を、フェルトを貼っていない部分に塗ります

27 表面が少し盛り上がる程度まで塗ります

28 後ろ半分をコルクで埋めたら、コルクに混ぜた接着剤が乾くまで触らないようにします

◆ 本底の加工

01 本底用の素材には、5mm厚のオークバークを使用します

02 本底の型紙のアウトラインを、本底用の革のギン面にけがきます

03 けがいたラインの1mm外側で、本底を裁断します

本底の取り付け

04 型紙よりも1mm外側で裁断した本底です

05 床面の繊維が荒いニベ層（厚さ0.5mm程）を、革包丁で裁断します

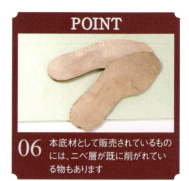

POINT

06 本底材として販売されているものには、ニベ層が既に削がれている物もあります

07 ニベ層を取った床面に、型紙から前2本のラインの位置を写します

08 型紙から写した印に合わせて、2本の線をけがきます

09 前側の2本のラインを本底の床面に引いた状態です

10 2番目のラインの位置まで、周囲に15mm幅のラインを引きます

11 後端から2番目のラインまでを、木やすりで削って荒らします

12 10で引いた線の外側も、木やすりで削って荒らします

本底の貼り合わせ

13 本底はフェルト以外の部分荒らします。荒らした部分にスリーダインを塗り、1時間程水に浸けます

01 コルクが乾燥していることを確認してから、木やすりで削って表面の形を整えます

02 ウェルトの表面も、糸を切らないように気をつけながら荒らします

ダービーを仕立てる

POINT
03 水に浸けておいた本底を取り出します。渋の強い革は、水に浸けると程良い柔らかさになります

04 新聞紙を敷いた上に、水から上げた本底を置きます

05 新聞紙で包んで、表面の水分を取ります

06 底のフェルト以外の部分に、スリーダインを塗ります

07 本底床面の荒らしてある部分に、もう一度スリーダインを塗ります

08 本底の床面を上にして持ちます

09 本底の縁が1mm残るように、位置を合わせて本体と貼り合わせます

10 貼り合わせる位置がずれていないか、全体を見て確認します

11 中底と本底の間の空気を抜く感じで真ん中から叩き始め、段々と端に寄って圧着します

12 ウェルト部分は表側からもコクリ棒を使って圧力をかけ、しっかり圧着します

13 コクリ棒で底面を擦り、表面を均します

14 しっかり貼り合わせたら、本底の周囲をウェルトの位置まで裁断します

本底の取り付け

本体に本底を貼り合わせた状態です

15

◆ ウェルトにウィールの跡を付ける

01 アッパーのウェルトの上に、粘着力を弱めたマスキングテープを貼ります

02 内踏まずの部分には、少し広めに貼っておきます

03 マスキングテープの上から、ナイロンテープを貼ります

04 ウェルトを水でしっかり濡らします

POINT

05 荒目のピッチのウィールを、アルコールランプで熱します

06 ウェルトの上に熱したウィールを走らせ、跡を付けます

07 かかとの部分も同様に、ウェルトにウィールの跡を付けます

08 内踏まず部分は、ウィールが入る所まで跡を付けます

09 ウィールの跡がウェルト上に付いた状態です。ウィールのピッチは、そのままステッチのピッチになります

ダービーを仕立てる

◆ ドブ起こし

01 本体の際から2mm程度の距離に、銀ペンで縫い線を引きます

02 ウェルトの上に縫い線を引いた状態です

POINT

03 内踏まずの部分は縫い線が引けないので、目見当で縫い穴をあけることになります

04 底のエッジに大やすりをかけ、軽く面取りをします

05 大やすりで面取りしたエッジを、割ったガラス片で削って表面を均します

06 ヒールケージを当てて、アゴのラインをけがきます

07 アゴのラインから先の底面の周囲に、10mm幅のラインを引きます

08 ここで引いたラインは、ドブ起こしの目安となります

09 アゴのラインの10mm程後ろから革包丁の刃を入れます

10 底面から1mm程の深さの所を、反対側のアゴのラインの10mm程後ろまで切れ目を入れます

11 切れ目を入れた部分にコクリ棒を入れて、革を起こします

本底の取り付け

12 続けて指で少しずつ折り返していきます

13 革に負担がかかると伸びたりシワになったりするので、一度に強い力をかけないようにします

14 折り返した部分をポンポンで軽く叩いて、折りクセを付けます

15 ドブ起こしした部分のエッジから5mmの位置に、ステッチンググルーバーで溝を彫ります

16 この溝は糸を収める溝なので、深さは1.5mm程彫っておきます

17 ドブ起こししていないかかとの部分も、エッジから5mmの距離に溝を彫ります

◆ 出し縫い

18 ドブ起こしと、溝掘りが終わった状態です

01 ウェルトの表に引いた縫い線から、裏に彫った溝に向かって出し針で縫い穴をあけます

02 01であけた縫い穴に、両側に出し縫い用の針を取り付けた糸を通します。糸の長さは三広半程度です

03 最初の穴に糸を通したら、表裏に出る糸の長さを同じにします

04 2つ目の縫い穴をあけ、両側から糸を通します

05 糸を強く引いて、縫い目の糸を溝に食い込ませます

ダービーを仕立てる

06 01〜05の作業を繰り返して、縫い進めていきます

07 ウェルトの上側は、ウィールで付けた跡の谷の部分から糸が出て、山の部分で縫い目になります

08 縫い終わりは最初の縫い穴にもう一度糸を通すので、最初の縫い穴に出し針を通して穴を広げます

09 最後の縫い穴（広げた最初の縫い穴）には、表側からだけ糸を通します

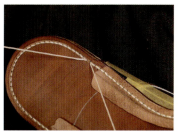

10 最後の穴に表側から糸を通すと、2本の糸が裏側に出た状態になります

11 裏側に出した2本の糸を、結び目が溝に収まるように固結びにします

結び目になるべく近い位置で、余分な糸をカットします
12

底の周囲を一周、出し縫いで縫い合わせた状態です
13

14 なるべく均等な力で縫うことで、縫い目がきれいに揃います。強く糸を引きすぎるとウェルトに糸が食い込み、美しい糸目の表情が消えてしまいます。また、ウェルト側と本底側に「遊び」が無くなってしまい、履き心地が悪くなってしまうので、糸を引く力加減にも注意が必要です

229

本底の取り付け

◆ドブ起こしを戻す

01 縫い目をポンポンで叩いて、変形してしまった面を整えます

02 ドブ起こししてある部分の表面を木やすりで荒らします

03 めくった部分にも、荒目の紙やすりをかけます

04 ドブ起こししてある部分に、スリーダインを丁寧に塗ります

05 ドブ起こししてある部分を、ギン面側から水で濡らします

06 ドブ起こししてある部分を少しずつ戻し、貼り合わせていきます

07 ドブ起こししてあった部分を全て戻したら、ポンポンとコクリ棒を使って、表面を平らにします

08 縫い目から3mm程度の所で、底の周囲を裁断します

09 縫い目からの距離が全周均等になるように、確認しながら細かく調整します

10 これで底付け作業は完了です。ここまでの作業で、靴の基本形ができ上がります

ダービーを仕立てる

かかと付け

ダブルウェルト方式で底付けをしたことで、かかと部分の丸みは最小限に抑えられています。そのため、ハチマキを使わずに、積み上げヒールの加工だけでかかとの丸みと角度を修正していきます。踵の底面が全て地面に当たるように調整するのがかかとを取り付ける際のポイントです。

ダービーを仕立てる

かかとを付ける

　かかとの部分までウェルトが付くダブルウェルトで本底を取り付けたこのダービーは、オックスフォードよりもかなりかかと部分の丸みが少なく仕上がっています。そのためハチマキを使わず、積み上げヒールとトップリフトだけを積み重ねてかかとを作っていきます。かかとの丸みや角度の修正は、1枚目の積み上げヒールで修正し、後は基本的に角度等の調整を行なわずに積んでいきます。一番底に付くトップリフトには様々な種類のものがあるので、部品選びの段階で自分のイメージする靴に合った物をチョイスしましょう。

◆ 本底の固定

01 縫ったかかと周りをより安定させるために、木の釘を打ちます。ヒールゲージを当て、アゴのラインをけがきます

02 アゴのラインをけがいた状態です。このラインがかかとを付ける基準線になります

03 木の釘を打つ位置を決めます。この靴では、エッジから18mm内側に打っていきます

04 かかとエリアの周囲の18mm内側に、ラインを引きます

05 04で引いたラインの上に、1cm間隔で釘を打つ位置の印を付けます

06 05で付けた印に合わせて、ペース打ちで穴をあけます

07 04で引いたラインの上に、全ての穴をあけた状態です

08 ペース打ちであけた穴に、木の釘を打ち込みます

09 全て釘を打ち込んだら、かかとエリア全体をポンポンで叩いて平らに均します

ダービーを仕立てる

10 かかとエリアの表面を、木やすりで削って荒らします

POINT

11 かかとエリアの前方を2cm程の幅で紙やすりで削り、ギンを落とします

12 表面を削ったことでアゴのラインが薄くなっているので、再度ゲージを当てて引き直します

13 アゴのラインを引き直して、かかとエリアがはっきり分かるようにしておきます

◆ かかとの積み上げ1

01 3枚の積み上げヒールとトップリフトで、このダービーのかかとを構成します

02 1枚目の積み上げヒールだけで平面を出します。本底の丸みに合わせて、床面を漉いていきます

03 アゴの付近は丸みが強いので、深めに漉くことになります

04 外側に向かって浅くしていきます

05 漉いた部分の表面を、木やすりで削ってスムースにします

06 1枚目の積み上げヒールの床面に、スリーダインを塗ります

07 本底のかかとエリアにも、スリーダインを塗ります

かかとを付ける

08 本底に引いたアゴのラインに、積み上げヒールのアゴのラインを合わせて貼ります

09 積み上げヒールと本底を貼り合わせたら、かかと全面をポンポンで叩いて圧着します

10 かかと部分の底の形に合わせて、はみ出している積み上げヒールを裁断します

11 裁断したら、ポンポンで表面を叩いて平らにします

12 積み上げヒールの表面を木やすりで削り、ギンを落として荒らします

◆ かかとの積み上げ2

01 残りのかかと部品を積んだ上に置き、隙間ができないことを確認します

02 隙間が無いことを確認したら、2枚目の積み上げヒールの床面にスリーダインを塗ります

03 本底側にもスリーダインを塗り、アゴのラインから1mm弱出して、2枚目の積み上げヒールを貼ります

04 2枚目の積み上げヒールを貼り合わせたら、ポンポンで叩いて圧着します

05 底の形状に合わせて、積み上げヒールのはみ出している部分を裁断します

06 かかとの周囲の15mm内側に、ラインを引き、10mm間隔で釘を打つ印を付けます

ダービーを仕立てる

07 06で印を付けた位置に、ベース打ちで穴をあけます

08 07であけた穴全てに木の釘を打ち込み、かかとエリア全体を叩いて平らに均します

09 かかと全面を木やすりで削って、平面を出します

◆ かかとの積み上げ3

01 残りのかかと部品を積んだ上に置き、隙間ができないことを確認します

02 貼り合わせる両面にスリーダインを塗ります

03 3枚目の積み上げヒールを貼り合わせます

04 3枚目も、アゴのラインを先に貼った2枚のアゴのラインよりも1mm弱出して貼り合わせます

05 貼り合わせた3枚目の積み上げヒールを、ポンポンで叩いて圧着します

06 はみ出している部分を、かかとの形に合わせて裁断します

07 表面を叩いて、平らに均します

08 エッジから15mm内側に、ラインを引きます

09 08で引いたラインの上に、10mm間隔で釘を打ち込む位置を印します

かかとを付ける

10 ここでは鉄釘を使用します。釘は、中底を貫通しない長さの物（ここでは19mm）を使用します

11 09で付けた印に合わせて、釘を打ち込みます

12 追い込みで釘の頭を打ちます

◆ トップリフトの取り付け

13 釘の頭がかかとの底面から飛び出さないように、釘を底面にめり込ませます

01 かかとの底面に、スリーダインを2回薄く塗ります

02 同様に、トップリフトのゴム面にスリーダインを塗ります

03 ゴム部の大きさを意識しながら、トップリフトを貼り合わせます

04 貼り合わせたトップリフトをポンポンで叩き、圧着します

05 トップリフトのはみ出している部分を、裁断します

06 トップリフトはゴムの部分が固いので、脇を締めて力を刃先に集中させます

07 かかとを全て積み上げた状態です

ダービーを仕立てる

仕上げ

最後に各部の仕上げをしていきます。コバはコテを当てて成形し、染めた後にロウを塗り込んで木のように固く仕上げます。底はギンを取ってふのりで磨き、ソールオイルで仕上げます。そしてアッパーを靴クリームで磨いて仕上げます。各部に適した仕上げ加工を施したら、完成です。

各部の仕上げ

ダービーを仕立てる

かかとを付けて靴としての基本形が完成したら、最終的な仕上げ作業を行ないます。かかとを含めた全周のコバは、切りそろえて染め、ロウを塗って仕上げます。このコバの仕上げによって靴の完成度は大きく変わってしまうので、できる限り丁寧に仕上げるようにしましょう。

アッパーは栄養クリームと靴クリームを塗って磨いて仕上げ、底はふのりを塗って磨いて仕上げます。各部の仕上げ作業を終えたら木型から抜いて中底の仕上げをし、ひもを結んで完成となります。最後まで集中力を切らさずに作業することが大切です。

◆ かかとの成形

01 ヒールゲージを当てて、かかとの形を確認します

02 ヒールゲージのラインに合わせて、かかとの形を整えます

03 アゴの側面に、少し斜めのラインをけがきます

04 ここでけがいた側面のアゴのラインは、アゴの形を整える際の目安になります

POINT
底面にヒールゲージを当てて、アゴのラインをけがきます
05

06 側面と底面のラインに合わせて、アゴ部分を削って成形します

07 アゴの部分を成形したら、かかとの断面を水で濡らします

水で濡らしたかかとの断面を、ポンポンの細い面で叩き、繊維を締めて強度を上げます
08

09 アゴの側面の切り口は、このようにまっすぐになるように成形します

ダービーを仕立てる

10 アゴの内側の部分は、ヒールゲージのラインに沿ったカーブになるように成形します

11 かかとの断面を、木やすりを使って形を整えます。ゴムの部分もしっかり削ります

12 かかと以外のコバも、木やすりで削って成形します

13 アゴの部分にも木やすりをかけ、形を整えます

14 各部分のコバは、このような状態に成形します

◆ 化粧釘を打つ

01 かかとのエッジに大やすりをかけて、バリを取ります

02 アゴの部分のエッジのバリも、大やすりで落とします

03 かかと底面の革部分に紙やすりをかけて、ギンを落とします

04 ギンは割ったガラス片を使って落としても構いません

05 エッジから5mm内側に、ラインを引きます

06 アゴから5mm内側にも、ラインを引きます

各部の仕上げ

07 反対側の側辺にもエッジから5mmのラインを引きます

08 ヒールゲージを06で引いた線に合わせて、センターに印を付けます

09 革部分のエッジから5mmにラインの交点と、08の印の位置に目打ちでガイドの穴をあけます

10 ガイド穴に合わせて、化粧釘を打ち込みます

11 全ての釘を打ったら、かかと全面を叩いて、平面を出します

12 化粧釘をかかとに打った状態です。要所をクリアしていれば、あとは自由に装飾することもできます

◆ 断面とコバの表面を整える

01 かかとの断面を、水で濡らします

02 アゴの部分も水で濡らします

03 本体コバも水で濡らします

04 かかとの断面を、割ったガラス片で削って表面を整えます

05 本体のコバも割ったガラス片で削って表面を整えます

06 アゴ部分の断面を、割ったガラス片で削って表面を整えます

ダービーを仕立てる

07 ガラス片で削ったコバの表面は、このように表面がかなりスムースになっています

◆ コバを整える

01 かかとの断面に、#180の耐水紙やすりをかけます

02 本体のコバにも、#180の耐水紙やすりをかけます

03 アゴの断面にも#180の耐水紙やすりをかけます

04 かかととアゴの断面を、水で濡らします

05 本体のコバも水で濡らします

06 仕上げとして濡らした全ての断面とコバに、01〜03で使用した#180の耐水紙やすりをかけます

07 耐水紙やすりをかけたことで、断面とコバの表面はさらにスムースに整います

各部の仕上げ

08 横方向から圧力がかかってエッジがめくれているので、コクリ棒でウェルトを押さえてコバを整えます

09 底面側からも圧力をかけて、エッジのめくれを修正します

10 革包丁を使って、ウェルト側の面取りをします

POINT

11 両側のエッジの形が揃っているか、目視で確認しながら作業します

12 底面側のエッジを大やすりで削って、バリを取ります

13 本底のギン面を、#180の紙やすりで削ってギンを落とします

14 コバと底面の下処理が終わった状態です

◆ 紳士靴を仕立てる

01 ウェルトの上面を水で濡らします

02 ウィールを熱して、元の跡に合わせてウェルトの上を転がします

03 ウィールをかけたことで、糸が押し込まれ、縫い穴が塞がります

POINT

04 目付けゴテを使って、ひと目ずつコテを入れていっても良いでしょう

ダービーを仕立てる

05 各部のコバを濡らして、コテを使って形を整えます

06 サイズの合うコバゴテを使って、本体のコバの形を整えます

07 かかと部分の断面は、ズボラゴテといちょうゴテを使って成形します

08 底面のエッジにいちょうゴテをかけて、形を整えます

09 コテを使って成形したことで、コバの繊維が締まります

10 かかとのエッジを水で濡らします

11 濡らしたかかとのエッジを五厘ゴテで押さえて繊維を圧縮します

12 縦横に五厘ゴテを当てて繊維を圧縮することで、かかと部分の強度が上がります

コテ入れの効果

濡らした革にコテを当てると、繊維が圧縮されて強度が上がります。エッジなど負荷が大きくかかる部分は、しっかりとコテを入れて補強しておく必要があります。

◆ コバと底の仕上げ

01 コバを濃い目の茶色の早染めインキで染めます。底面にはみ出さないように気をつけましょう

02 ウェルトの上面を筆で染めます。糸も同じ色で染めます

各部の仕上げ

03 コバを染めた状態です。茶色など黒以外の色は重ねて染めた部分の色が濃くなるので、色が均一になるように同じ回数重ねて染めるようにします

04 コバワックスを熱して、先端を熔かします

05 熔けたコバワックスを、コバに擦り込みます

06 コバにワックスを擦り込んだ状態です。できるだけ均等に擦り込みます

07 かかと部分のコバにも、コバワックスをしっかり擦り込みます

08 コバに合うサイズのコバゴテを熱します

09 熱したコバゴテをコバに当てて、コバワックスを熔かして均等に塗り込みます

10 かかと部分はいちょうゴテを使ってコバワックスを熔かし、塗り込みます

11 底面のエッジに、熔かしたコバワックスを擦り込みます

12 かかとの革部分のエッジにも、熔かしたコバワックスを擦り込みます

ダービーを仕立てる

13 ロウを擦り込んだエッジを五厘ゴテでなぞり、額縁仕上げにします

14 底面のエッジも五厘ゴテを当てて、額縁仕上げにします

15 コバワックスを塗り込んだかかとのコバを、光沢が出るまでウエスで磨きます

16 本体のコバも同様にウエスで磨いて、ウエスで磨いて光沢を出します

17 かかとの一番上の部分を、熱したシートウィールでルレット飾りを入れます

18 ルレット飾りが入った状態です

19 底面にふのりを塗ります

20 かかと底面の革部分にもふのりを塗ります

21 ふのりを塗った底面を、ウエスで磨いてツヤを出します

22 膝の上で固定して、力を入れて磨きます

23 底面を仕上げた状態です

各部の仕上げ

24 各部のコバと断面の仕上がり状態を確認しておきます

◆ 仕上げ作業1

01 ウェルトの上に貼っておいた、保護用のテープを剥がします

02 羽部分を仮留めしていたひもをカットします

03 カットしたひもを、レースホールから抜きます

04 全体にブラシかけて、埃や汚れを払います

05 栄養、保湿のためのシュプリームクリームデラックスを、アッパーに塗り込みます

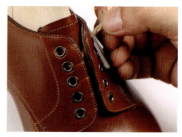

06 ダークブラウンの靴クリームを、羽型のコバや本体とウェルトの合わせ目に塗り込みます

07 クリームを塗ったコバを磨きます

08 ミディアムブラウンの靴クリームを、アッパー全体に塗り込みます

09 クリームを塗ったアッパーを、乾いたウエスでしっかり磨いてツヤを出します

◆ ダービーを仕立てる

10 レザーソールオイルをウエスに含ませ、底面に塗り込みます

11 かかとを含めた底面全体に、しっかりオイルを塗り込みます

◆ 中底の仕上げ

01 木型のトップ部分を叩いて、前側の部分を浮かせます

02 木型の前部分を外して、木型抜きにセットします

03 かかとを持ち上げる感じで、木型を抜きます

04 木型から本体を抜いたら、中底から出ている木の釘の先端をニッパーで切り落とします

05 ペイガラで中底のかかと周りを削ります

06 中底のかかと周りは、木の釘の出っ張りが無くなるように削ります

07 床面にゴムのりを塗った中敷きを、かかと部分に貼ります

◆ 靴ひもを通す

08 かかと敷きの位置を決めたら、しっかり押さえて圧着します

01 1番下の穴に表側からひもの両端を通し、向かって左のひもを右の下から2番目の穴に裏から通します

02 向かって右の一番下の穴に通したひもを、左の下から3番目の穴に裏側から通します

247

各部の仕上げ

03 01で通したひもを左の下から2番目の穴に表側から通し、右の下から4番目の穴に裏から通します

04 02で通したひもを右の下から3番目の穴に表側から通し、左の1番上の穴に裏側から通します

05 03で通したひもを左の下から4番目の穴に表側から通し、右の1番上の穴に裏から通します

06 ひもを結んだら、作業は終了です

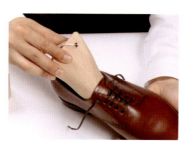

07 保管時にはシューツリーをセットしておきます。まず先端の部品をつま先側に入れます

08 次にかかと側に後端の部品を入れます

09 最後に真ん中の部品をセットします。ダービーは甲部分の部品が大きいため、吊り込み時にきれいに形を整えられるかどうかが完成度に大きく影響します

カジュアルさを加減しデザインをまとめる

　外羽根タイプのダービーは、オックスフォードのカチッとした感じとはまた違う、柔らかくカジュアルな感じをどの程度出すかがポイントになります。そのポイントになるのは使用する木型の形であったり、ウェルトの出幅であったりしますが、最も重要なのは製作する本人がその靴の完成した姿をきちんと頭の中に描けているかどうかということなのかもしれません。デザインをまとめる能力と、そのテイストを形にする技術が揃わなければ、ダービーは思いもよらぬ形に仕上がってしまう靴なのです。

紳士靴を仕立てる技術を次の世へ

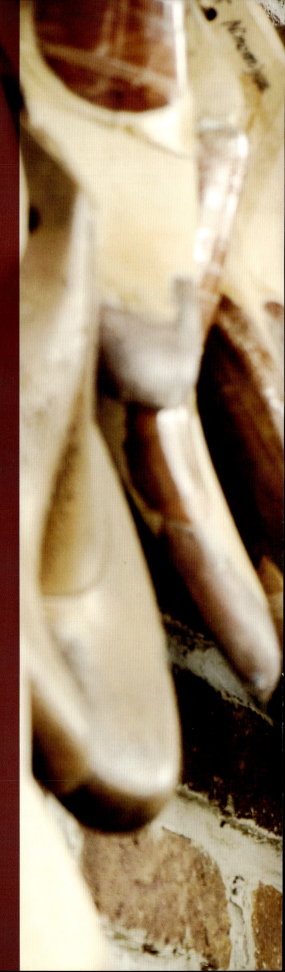

　オックスフォードとダービー。手製靴職人三澤則行氏が、紳士靴の最もベーシックな形と言える2足の靴を仕立てていく様子を、この本の中で追ってきました。

　多くの靴職人は弟子として師の技を隣で見て、そして自分の技術として血肉としていきます。その弟子であった職人が、一人前の靴職人になるまでには長い時間がかかります。師と同じように作業したつもりでも、技術が追い付いていないために失敗することも多々あるでしょう。目で見て理解をしても、技術が伴わなければきちんとした靴を作ることはできないのです。ミシンのかけかたひとつを見ても、単純に「ミシンで際を縫う」ことがどれほど難しいことか、ミシンを踏んで初めて気がつくのです。こうした技術の習得に近道は無く、努力と練習によってのみ得られるものなのです。

　靴を仕立てる作業は、全てを数字で割り切れるものではありません。職人の勘という言い方はあまりしたくはありませんが、ベテランの職人が長い間かけて身につけた技術の中には、そうした類のものが多分に含まれていることは間違いありません。同じ作業をしているようでも、職人ごとにその作業の中で使う数値や手法には違いがあって当たり前なのです。つまり、本書で紹介しているのはあくまでも"三澤則行の靴の仕立て方"であり、その他の職人と違う部分や考え方があることは否定しません。もちろん共通する基本部分はありますが、それぞれの職人が自分の信じる方法で作業をする。手製靴はそうやって作られるものなのです。

　大量消費文化の中で、手間と時間のかかる物作りは淘汰されつつあります。手製靴を仕立てる技術も、そうした中のひとつと言えるでしょう。本書が、手製靴という技術を後の世に残すための一助となれば幸いです。

"手製靴"という言葉の意味を知る場所

本書の監修者である三澤則行氏が代表を務めている"MISAWA & WORKSHOP"は、注文手製靴の工房であると同時に、本格的な手製靴の技術を学べるスクールを運営しています。本物の手製靴、その全てがここに集約されています。

Noriyuki Misawa

三澤 則行

本書の監修者である、MISAWA & WORKSHOP代表。注文手製靴専門の靴職人であり、紳士靴だけではなく、婦人靴も手がける日本では稀有な靴職人です。デザインから木型製作、型紙、縫製、底付けまで全てをこなし、日本はもちろん世界でも高い評価を受けています。また、近年はアートの分野へも表現の場を広げ、活躍しています。

工房内のショーケースの中には、三澤氏が手がけた靴たちが並びます。様々な素材の使い方やデザインは、三澤氏の靴職人としての引き出しの多さを知らしめるのに充分です。また、別のショーケースにはドイツ国際靴職人コンテストでの受賞作品や、日本革工芸展で受賞した作品などが展示されています

　MISAWA & WORKHOPは、注文手製靴の工房として2011年に設立されました。代表の靴職人三澤則行氏は、日本で靴職人として修行を積んだ後に、オーストリアのウィーンの老舗靴工房、そして靴メーカーのパタンナーとして働きながら本物の手製靴を探求してきました。工房設立後も革工芸師のもとで工芸・芸術を学ぶなど、靴の美しさを今なお探求し続けています。その成果は、ドイツの国際靴職人コンテストでの金メダル、名誉賞の獲得や、日本革工芸展での文部科学大臣賞受賞などで証明されています。

　MISAWA & WORKSHOPでは、そんな三澤氏の経験に基づいた木型を使い、本書で紹介したように全ての工程を自身の手で手がける本物の手製靴を作り出しています。1足の価格は300,000円前後と決して安価ではありませんが、一流の技術を持つ職人が自分の足のためだけに作った靴を手に入れる対価としては充分な価値があります。

　実用品としての機能はもちろん、工芸品としての美しさにもこだわって作られる三澤氏の靴。それを手に入れることができるのは、この工房だけなのです。

MISAWA & WORKSHOP

工房
〒116-0002 東京都荒川区荒川5-46-3, 1F

教室
〒116-0002 東京都荒川区荒川5-4-2
新日本TOKYOビル4F

工房営業時間（予約制）
火、木、金 11:00〜19:00
水、土、日 17:00〜19:00
月曜日定休

TEL&FAX
03-6807-8839

靴を作るために必要な技術
その全てが学べる場所

生徒は一人ずつ進み具合が異なるので、全ての指導は講師から直接行なわれることになります。初めて革を触ったというレベルの人でも、きちんとカリキュラムを消化していけば半年程度で靴を作り上げることができるようになります。生徒はプロの靴職人を目指すという人から、趣味の範囲で楽しみたいという人までいますが、きちんとした靴を作るための技術が、全員に指導されています

THE SHOMAKER'S CLASS では生徒はもちろん、一般の方へも靴作りの工具や材料を販売しています。本書で使用した木型はもちろん、輸入工具まで幅広く揃います。ご購入希望の方はお問い合わせください。

このスクールに学ぶ人は老若男女幅広く、その目指す方向性も様々です。ここは、自分自身で定めた目標に向かって、修行＝授業に励むための空間なのです

MISAWA & WORKSHOPの持つもう一つの顔が、"THE SHOMAKER'S CLASS"と名付けられた、手製靴作りのスクールです。

靴を作るための技術は、元々職人から職人へと受け継がれていく師弟制の要素が強いものでしたが、ここでは工房への弟子入りという形ではなく、スクールとして靴作りの基礎から学ぶことができるカリキュラムが組まれています。靴を作るどころか、革を扱うのが初めてという人向けの「初心者体験コース」から、型紙はもちろん、最終的には木型まで作れる職人を育てるための「アドヴァンスコース」、そして世界に通じる靴職人を育成するための「マイスターコース」が用意されています。このスクールでは、三澤氏と氏が信頼する講師たちによって、実践的で本格的な靴作りの技が生徒ひとり一人のレベルに合わせて指導が行なわれ、本物の技術を一流の職人から直接教わることができるのです。

この"THE SHOMAKER'S CLASS"は、現代に伝統的な靴作りの方法を伝えるという、文化的にも重要な意味を持ったスクールとなっています。

THE BOOK OF MEN'S SHOES MAKING
紳士靴を仕立てる
オックスフォードとダービーの作り方

2016年11月5日 発行

STAFF

PUBLISHER
高橋矩彦　Norihiko Takahashi

SUPERVISER
三澤則行　Noriyuki Misawa (MISAWA & WORKSHOP)

EDITOR
後藤秀之　Hideyuki Goto

DESIGNER
小島進也　Shinya Kojima

ADVERTISING STAFF
大島　晃　Akira Ohshima
久嶋優人　Yuto Kushima

PHOTOGRAPHER
梶原　崇　Takashi Kajiwara (Studio Kazy)

PRINTING
シナノ書籍印刷株式会社

PLANNING,EDITORIAL&PUBLISHING
(株)スタジオ タック クリエイティブ
〒151-0051　東京都渋谷区千駄ヶ谷 3-23-10 若松ビル2階
STUDIO TAC CREATIVE CO.,LTD.
2F,3-23-10, SENDAGAYA SHIBUYA-KU,TOKYO
151-0051　JAPAN

〔企画・編集・広告進行〕
　　Telephone 03-5474-6200　Facsimile 03-5474-6202

〔販売・営業〕
　　Telephone & Facsimile 03-5474-6213

URL http://www.studio-tac.jp
E-mail stc@fd5.so-net.ne.jp

2206C

警告 CAUTION

- この本は、習熟者の知識や作業、技術をもとに、編集時に読者に役立つと判断した内容を記事として再構成し掲載しています。そのため、あらゆる人が作業を成功させることを保証するものではありません。よって、出版する当社、株式会社スタジオ タック クリエイティブ、および取材先各社では作業の結果や安全性を一切保証できません。また、作業により、物的損害や傷害の可能性があります。その作業上において発生した物的損害や傷害について、当社では一切の責任を負いかねます。すべての作業におけるリスクは、作業を行なうご本人に負っていただくことになりますので、充分にご注意ください。

- 使用する物に改変を加えたり、使用説明書等と異なる使い方をした場合には不具合が生じ、事故等の原因になることも考えられます。メーカーが推奨していない使用方法を行なった場合、保証やPL法の対象外になります。

- 本書は、2016年6月30日までの情報で編集されています。そのため、本書で掲載している商品やサービスの名称、仕様、価格などは、製造メーカーや小売店などにより、予告無く変更される可能性がありますので、充分にご注意ください。

- 写真や内容が一部実物と異なる場合があります。

- 掲載されている作品のデザインに関する著作権は、製作者本人に帰属します。この本に掲載されている情報は、個人的、かつ非商用の範囲でご利用ください。

- 本書に掲載されている型紙や図面の再配布、商用利用を禁じます。

STUDIO TAC CREATIVE
(株)スタジオ タック クリエイティブ
©STUDIO TAC CREATIVE 2016 Printed in JAPAN

- 本書の無断転載を禁じます。
- 乱丁、落丁はお取り替えいたします。
- 定価は表紙に表示してあります。

ISBN978-4-88393-764-6